SFV

David Ben Gurion

Erinnerung und Vermächtnis

Herausgegeben von Thomas R. Bransten

S. Fischer

Aus dem Englischen übersetzt von
Günther Danehl

Die Originalausgabe
›Recollections · David Ben-Gurion‹
erschien 1970 bei Macdonald Unit 75, London
Deutsche Ausgabe:

Umschlagentwurf: Marhold-Janorschke
Gesamtherstellung: Wilhelm Röck, Weinsberg
Printed in Germany 1971
ISBN 3 10 009501 4

Vorwort

»Worte ohne Taten«, sagt David Ben Gurion, »sind nichts.« Und er fügt hinzu: »Man muß den Weg zeigen, indem man vorangeht.«

Falls überhaupt ein Mensch je durch sein Beispiel den Weg gewiesen hat, so ist es Ben Gurion. Sein tägliches Handeln hat Zeugnis für sein Denken abgelegt, und sein ganzes Dasein war einzig auf ein Ziel gerichtet: die Wiederansiedlung des jüdischen Volkes im angestammten Israel.

Er, der jetzt auf sechzig in diesem Lande verbrachte Jahre und auf ein Leben tätigen Judentums zurückblicken kann, das acht Dekaden umfaßt – vier Fünftel eines Jahrhunderts! – hat wohl allen etwas zu sagen, die am jüdischen Schicksal teilgehabt haben. Doch obwohl sein Thema in diesem Buch die Juden sind, ist seine Weisheit universal. Ben Gurion zitiert gerne Jesajas Auftrag an die Juden, »ein Licht den Völkern zu sein«, und hier befolgt er selber diese Aufforderung. Wer jemals über den Sinn seines Lebens und des menschlichen Daseins überhaupt nachgedacht hat, wird in diesem Buch Inspiration und Anlaß zum Weiterdenken finden.

Mir fällt an diesen Meditationen besonders die Jugendlichkeit auf, die geistige Beweglichkeit, mit der Ben Gurion seine Gegenstände behandelt, die Strenge seiner Logik und nicht zuletzt sein ausgeprägter Sinn für Humor. Hier denkt nicht ein alter Mann wehmütig an vergangene Zeiten. Ben Gurion geht in die Vergangenheit nur zurück, wenn er etwas Gegenwärtiges oder Künftiges deutlich machen will.

Hier spricht ein Kämpfer, der überdies logisch, geistreich und ein Philosoph ist. Ein langes Leben hat seine Wahrnehmungsfähigkeit nicht abgestumpft, sondern ihr eine Milde, eine Breite und Tiefe verliehen, die niemand, der ein weniger erfülltes Leben gehabt hat, erhoffen darf.

Ben Gurion nennt Mose bei seinem hebräischen Namen Mosche. Mosche, so sagt er, hat den Juden ihre Mission, ihren Daseinszweck erklärt. Und heute, 3300 Jahre später, ist diese Erklärung, so sagt er, noch ebenso sinnvoll wie damals. Mit anderen Worten: alles ändert sich im Leben, doch gewisse Ideen und Grundsätze bleiben sich, dank der Wahrheit, die sie verkörpern, immer gleich.

Ich meine, daß das, was Ben Gurion uns hier bietet, auch Elemente solcher dauernden Wahrheiten enthält. Was er sagt, ist nicht schwer zu verstehen. Immerhin spiegelt sich darin die Weisheit eines Lebens, das einem Ideal gewidmet war, die Weisheit eines Menschen, der im strengsten Wortsinn ein Aktivist und ein scharfsinniger Denker war. Es ist mir eine Ehre und eine Freude, dieses Buch sowohl dem jüdischen als auch dem weiteren Publikum empfehlen zu können, nicht nur zur einmaligen Lektüre, sondern als eines jener Bücher, die man bewahrt, schätzt und in allen

Phasen des Lebens neuerlich zur Hand nimmt, um sie schließlich an seine Kinder weiterzureichen. Vor allem aber können wir hier von einem Menschen lernen, dessen Leben und dessen Worte ein Ganzes sind, das wahrlich vorbildlich ist.

Abraham F. Rad

Einführung

Kind im polnischen Getto, Einwanderer nach Palästina, Landarbeiter und Pionier, politischer Organisator und Staatsmann, Gründer der Israelischen Verteidigungsstreitkräfte und deren erster Kommandeur, Kibbuznik und Gelehrter – im Laufe von mehr als achtzig Jahren hat David Ben Gurion viele Leben gelebt.

Der Politiker ragt unter den Zeitgenossen hervor als einer, der Geschichte gemacht hat, und wie allen überlebensgroßen Führergestalten sind ihm Verehrung und Haß zuteil geworden, hat man ihm angehangen und ihn verleugnet. Gleichwohl ist das zwanzigste Jahrhundert mit von ihm geprägt worden, und er hat vielen Leben eine neue Richtung gegeben.

Als Erwecker des jüdischen Bewußtseins und Architekt der nationalen Wiedergeburt Israels hat Ben Gurion nach dem Zweiten Weltkrieg als erster Ministerpräsident sein Land während fünfzehn kritischer Jahre geführt. Er war der Hauptverantwortliche für die Verteidigung des jungen Staates gegen die Angriffe von fünf arabischen Armeen, für die Bildung des Verwaltungsapparates, des Schulsystems und weiterer Institutionen, ohne die das Leben des Landes nicht vorstellbar ist. Seinen Bemühungen sind die Fortschritte in der Landbewirtschaftung zu danken, die erstaunliche Fruchtbarmachung von Wüstenland, auf die Israel besonders stolz ist, und ihm ist auch dafür zu danken, daß sein Volk sich in einer feindlich gesonnenen Umwelt hat behaupten können.

Ein Leben vorbehaltloser Hingabe an die Sache Israels hat Ben Gurion zu einem Symbol des Kampfes gemacht, der unablässig geführt wird, um dem jüdischen Volk die Heimat zu geben. Für Ben Gurion ist Israel nicht plötzlich durch einen Zaubertrick der Vereinten Nationen im Jahre 1948 zum Leben erwacht; diese Legalisierung war nur die Bestätigung der wirklichen Verhältnisse: die Juden waren dank eines mühevollen Kampfes, der unentwegt fortgesetzt werden muß, in Palästina. Das Haus Israel wurde und wird, Ben Gurion zufolge, gebaut, wo zuvor nichts war, mit Hilfe jüdischer Hände und Hirne, verteidigt mit jüdischem Blut, Zeugnis für den Willen zu überleben trotz Austreibung und Massenvernichtung. Es verkörpert die Pioniertugenden, ist leuchtendes Vorbild für die Menschheit.

Die Worte und Taten des Mannes, der im täglichen Umgang mit der protokollwidrigen Formlosigkeit des Farmer-Pioniers auftrat, haben stets Beachtung, Erregung und Widerspruch ausgelöst, einerlei wie leise sie ausgesprochen, wie unauffällig sie ausgeführt wurden. Sein Rücktritt vom Regierungsgeschäft im Juni 1963 ist dafür ein Beispiel. Man hat ihn *auffällig unauffällig* genannt. Auf einer der üblichen Kabinettssitzungen erklärte er seinen Rücktritt, und schon am Tage darauf fuhr er in einen Kibbuz des Negev. Dort, in der Kollektivfarm Sde Boker, die innerhalb eines Jahrzehntes wasserlose Dünen in ein grünes, fruchtbares Plateau verwandelt hat, übernahm David Ben Gurion seine neue Aufgabe: Er hütete die Schafe.

Auch heute noch wohnt er in Sde Boker, in einem Holzhaus, anspruchslos wie die anderen Farmer. Allerdings hütet er nicht mehr die Schafe, sondern schreibt die Geschichte des jüdischen Staates, von den ersten Einwanderern in den siebziger Jahren des vorigen Jahrhunderts bis auf den heutigen Tag. Er tut das, damit die jüngere Generation, wie er sagt, begreift, daß, was bis heute geschafft wurde, nur ein Anfang ist, »und ein Anfang ist nicht genug«.

Während das Drehbuch für FORTY-TWO SIX geschrieben wurde, stellte Ben Gurion sich für ein gefilmtes Interview von sechs Stunden Dauer zur Verfügung. Aus London kamen die Cinemascope-Kameras, aus Jerusalem die Techniker. Die Bibliothek der Lehrerbildungsanstalt des Negev, ein Institut, das mit Ben Gurions Hilfe gegründet wurde und Sde Boker benachbart ist, wurde in ein Atelier verwandelt. Die Filme wurden an drei Abenden je zwei Stunden lang gedreht, nachdem die Hitze des Tages abgeklungen war (die Kombination von Sonne und Scheinwerfern wäre unerträglich gewesen). Ben Gurion sprach über alle möglichen Themen, er sprach über sein eigenes Leben, über die Zukunft des jüdischen Volkes und dessen Mission im Lande Israel. Als Titel der Sendung diente der von Ben Gurion zitierte Vers Jesaja 42, 6, in dem er den Juden verheißt, daß sie »zum Licht der Völ-

ker« werden sollen, ein Vorbild an Weisheit und Rechtschaffenheit.
Das Interview verschaffte uns eine brauchbare Arbeitsgrundlage und bestätigte die Authentizität unserer Darstellung in der Sendung FORTY-TWO SIX; überdies brachte sie uns ›Rohmaterial‹ für verwandte Vorhaben ein.
Dieses ausgedehnte Interview mit Ben Gurion ist aber bereits als solches ein bemerkenswertes Dokument. Es ist das Plädoyer eines Staatsmannes, der zugleich ein Denker ist und den Bedeutungswandel versteht, dem das eigene Werk im Laufe der Jahre unterliegt. Dieses Interview ist das Resümee eines Menschen, der mit Gelassenheit die Ereignisse eines langen Lebens bedenkt, dessen Höhepunkte die Impulse für die Verwirklichung des zweitausend Jahre alten Traumes der Juden gaben, die Zerstreuten zu sammeln und von neuem ein Volk zu werden.
Das vorliegende Buch ist aus jenem Interview entstanden. Was folgt, hat Ben Gurion wörtlich so gesagt.

Thomas R. Bransten

Die Juden

(»Ich sehe den Menschen durch die Sache.« So beurteilt General Mosche Dajan David Ben Gurion. Die Sache ist und war stets Israel, der Kern, um den alle Gedanken und Handlungen einer völlig an ihr Ideal hingegebenen Persönlichkeit unablässig kreisten. In diesem Zusammenhang bedeutet Israel die Erfüllung eines militanten Judentums, das über Religiosität hinausgeht, seine Vision jedoch aus der Thora und seine Kraft aus der Tatsache des Judeseins schöpft.

Am Anfang müssen die Juden stehen, was sie im Licht der Vergangenheit und der Gegenwart betrachtet sind, was sie sein wollen. Es folgt also Ben Gurions Meinung über ein Volk, von dem er meint, es habe ›es schwer mit sich selber‹, und doch sei es von den eigenen Propheten aufgefordert, der Menschheit ein Beispiel zu geben.)

Die Juden gleichen manchmal den Sternen, manchmal dem Staub. Das gilt wohl für die Menschheit ganz allgemein, für alle Individuen. Immerhin sagt der Talmud das ausdrücklich von uns. Und als Volk neigen wir zum Extrem.

Unsere Besten haben nach sehr hohen Sternen gegriffen. Unsere Schlechtesten sind sehr tief gefallen, denn sie mußten die jüdische Ethik verneinen, die das moralische Bewußtsein betont und nicht zuläßt, daß man sich mit Ausflüchten über die Folgen seiner Handlungen täuscht. Die traditionelle preußische Unschuldsbeteuerung, man habe nur Befehlen gehorcht, ist völlig unjüdisch. Über Recht und Unrecht muß unserer Ansicht nach jeder einzelne mit seinem Gewissen ins reine kommen. Der Jude, der Böses tut, tut das unter Mißachtung einer inneren Stimme, die ihm sagt, wie er eigentlich handeln müßte, und daher ist die Last seiner Schuld besonders drückend. Überdies sagt das jüdische Moralgesetz, anders als das der Christen, seinen Anhängern nicht: »Du sollst dies oder das tun«, sondern es bestimmt nur, was man nicht tun darf, überläßt also jedem einzelnen, was er tun will. Die Bibel, unsere Bibel, das Alte Testament also, fordert nicht: »Sei klug«, »sei tugendhaft«, sondern es mahnt: »Du sollst nicht töten«, »Du sollst nicht begehren deines Nächsten Weib.« Wenn der Jude sündigen will, ist es nicht genug, daß er handelt, er muß auch fundamentale Verbote verletzen, und das ist schon ein sehr schweres Vergehen.

Dem entspricht, daß es, um tugendhaft zu sein, nicht ausreicht, das Böse zu meiden. Man muß vielmehr einen Schritt weitergehen und das menschliche Dasein erleichtern helfen.

Ich meine, dieser Nachdruck, den die Juden auf Verbote einerseits und tätige Tugend andererseits legen, erklärt einen gewissen an ihnen zu bemerkenden Ehrgeiz und ihren hochentwickelten Sinn für Gerechtigkeit, oder besser Ungerechtigkeit. Die Juden haben sich immer leidenschaftlich an der geistigen Auseinandersetzung mit der Ungerechtigkeit beteiligt, und zwar nicht nur, wenn diese sie selber betraf, sondern ganz allgemein im Namen der Menschlichkeit. Wo Juden sind, da wird die Unmenschlichkeit des Menschen seinem Mitmenschen gegenüber bekämpft, sei es nun die Diskriminierung der Schwarzen in den USA, sei es die Verweigerung der Meinungsfreiheit in der Sowjetunion (ich denke hier besonders an den Schriftsteller Juri Daniel, der gewagt hat, das Regime zu tadeln und dafür eingekerkert wurde. Ich könnte noch viele andere Gleichgesinnte nennen.) Greifen diese Menschen nicht wirklich nach den Sternen? Ich meine, ja.

Alles, was wir als Juden sind – nicht ausgeschlossen die Neigung, gelegentlich über die traditionellen Grenzen hinauszugehen –, kommt unmittelbar aus der Bibel. Als Volk sind wir an Zahl gering und sind es immer gewesen. Wären wir nicht das Volk der Bibel, wer hätte je von uns gehört? Wir müßten froh sein, wenn wir in den Geschichtsbüchern als Fußnote erschienen. So aber ist ein großer Teil der Menschheitsgeschichte unser Werk. Wir sind niemals weit vom Hauptschauplatz entfernt gewesen, oft zu unserem Unglück und unter großer Gefahr.

Immer wieder erstaunt mich der Beitrag, den Juden zum Denken der Menschheit geleistet haben. So viele beachtliche Denker waren Juden. Ihr Werk, ihre Gedanken beeinflussen das Leben der Menschen überall, auch jener, die nichts davon wissen oder die diese Gedankenwelt ablehnen. Man kann die Lehre von Marx leidenschaftlich verteidigen oder verdammen, aber die Wirkung von Marx' Denken kann man nicht bestreiten. Und für Freud und sein Werk gilt das gleiche.

Vom Griff nach den Sternen sprach ich, weil ich an den dachte, der den Fortschritt der Menschen buchstäblich zu den Sternen hin ermöglicht hat, Albert Einstein. Soweit mir bekannt, ist er der bedeutendste Theoretiker unseres Jahrhunderts. Es war mir vergönnt, ihn persönlich zu kennen und einen Eindruck von dem Edelmut dieses Mannes zu gewinnen.

Wir haben heute in Israel keine Individuen, die nach den Sternen greifen. Solche Höhenflüge des Geistes müssen vorbereitet sein. Ein Franzose sagte mir einmal, ein wirklich erstklassiger Weinberg brauche tausend Jahre zu seiner Entstehung. Wir haben zwar eine viertausendjährige Geschichte, sind aber erst seit so kurzer Zeit wieder in Israel, daß wir alle unsere Aufmerksamkeit dem Überleben widmen müssen. Mit der Zeit werden wir gewiß auch unseren Anteil an Künstlern und Wissenschaftlern, Philosophen und Dichtern hervorbringen.

Immerhin ist das bloße Vorhandensein des Staates Israel bereits eine bemerkenswerte Leistung, an der ein jeder teilhat. Und ich kenne viele Juden, die hier, wenn man ihr Leben einmal daraufhin betrachtet, ob sie zum Heil der Menschheit beitragen, ein sehr viel nützlicheres Dasein führen als ihre Brüder in der Diaspora.

Was nun Tugenden und Laster angeht, so ist unsere Geschichte in Israel da recht bewegt gewesen. Zu Zeiten Jesajas haben die Propheten uns als das verworfenste Volk von allen geschmäht und uns den Untergang vorausgesagt. Hat etwa unsere Schlechtigkeit uns die Heimat gekostet? Heute, zweitausend Jahre später, kann ich darüber nicht urteilen. Immerhin weiß ich aber, daß die Wiedergewinnung unseres Heimatlandes auf einen außergewöhnlichen Akt kollektiver Tugend zurückzuführen ist, der von vielen Tausenden nur unter schweren Opfern vollzogen werden konnte, begleitet von allgemeinem Skeptizismus, ja Hohn, womit ja die große Mehrheit der Menschen, die Juden nicht ausgenommen, bedeutende Unternehmungen häufig bedenkt.

Die Wiedergeburt Israels ging nicht von einem Tag auf den anderen vor sich. Sie ist auch nicht einer völkerrechtlichen Absprache zu danken. In allem Ernst hat sie vor genau hundert Jahren begonnen, im Jahre 1870, als die ersten Pioniere ihre relative Sicherheit in Osteuropa und Rußland aufgaben und herkamen, entschlossen, auf den Fundamenten der alten Heimat die neue nationale Heimstatt der Juden zu errichten. Selbstverständlich hatten in dem Palästina genannten Gebiet immer Juden gelebt, jüdische Gemeinwesen bestanden. Doch die Nation Israel ist das Werk dreier Generationen. Auch heute noch wird an diesem längst nicht beendeten Werk gearbeitet, und am reinsten ist diese Arbeit ausgeprägt hier in der Wüste, wo ich wohne, und wo alles, was ist, von uns geschaffen wurde, aus dem Nichts.

Um auf die intellektuelle Ruhelosigkeit der Juden zurückzukommen, ihre tradierte Abscheu gegen Ungerechtigkeit, einerlei wie abstrakt oder gegen wen gerichtet, ihre, man könnte fast sagen besessene Suche nach Wahrheit, so habe ich schon gesagt, daß diese ihre Neigung auch an der Bibel zu bemerken ist. Sowohl für die Bibel als auch für die Juden seither, als Individuen wie als Volk, war die Kernfrage die nach dem Auftrag des Menschen in dieser Welt. Dieser Auftrag scheint eine Funktion dessen zu sein, was als die höchste Eigenschaft des Menschen gilt, seine Schöpferkraft.

In dieser Hinsicht ist die Genesis höchst aufschlußreich. Die Evangelien beginnen mit der Geburt des Jesus; der Koran mit Mohammed. Die Thora jedoch beginnt weder mit Mose noch auch mit Abraham, dem ersten Juden, dem Mann, der von Chaldäa über den Euphrat ins Unbekannte wanderte, was ihn zum ersten Pionier machte und zum ersten Hebräer, also dem, ›der übersetzte‹, über den Fluß nämlich. Nein, die Thora beginnt mit der Schöpfungsgeschichte, und wir erfahren, daß sechs Tage nach Erschaffung des Lichtes, der Pflanzen und aller Tiere, am letzten Schöpfungstag ein Mann und eine Frau gemacht wurden, und zwar nach dem Bilde Gottes. Ich selber, der ich nicht religiös bin, meine, daß die Theologen hier den Lauf der Dinge umgekehrt haben, daß vielmehr Gott nach dem Bilde des Menschen ›erschaffen‹ wurde, weil dieser sich so das Geheimnis seines eigenen Daseins auf der Erde erklären wollte. Aber davon später mehr.

Die Bibel, derzufolge der Mensch von Gott gemacht wurde, bezeichnet Adam als Gottes Stellvertreter auf Erden. Gott steht so hoch über dem Menschen, daß dieser sich Ihn nicht einmal vorstellen kann. Man sagt uns, Gott sei die verkörperte Liebe, Gerechtigkeit, Barmherzigkeit, und wenn die Thora vom Menschen als nach Seinem Ebenbild geschaffen spricht, so will sie sagen, er müsse sich bemühen, diese Eigenschaften zu erwerben.

Das bemerkenswerteste an Gott ist aber seine Schöpferkraft, der der Mensch selber sein Dasein verdankt – der Bibel zufolge. Ob ihm dies nun zukommt oder nicht, der Mensch hat seit Adams Tagen sich bemüht, an dieser Schöpferkraft teilzuhaben. Das scheint mir der entscheidende Punkt zu sein. Gott tut das Unmögliche, der Mensch müht sich, das scheinbar Unmögliche zu vollbringen. Er fliegt zum Mond. In einer so offensichtlich unfruchtbaren Wüste wie dem Negev läßt er Milch und Honig fließen. Das ist unmittelbare Teilhabe am Abenteuer der Schöpfung.

Gott schuf auch den Garten Eden. Der gefiel dem Menschen aber nicht sehr. Der Mensch hielt das müßige Dasein nicht aus, er ließ sich also aus dem Paradies vertreiben und versucht seither, seine eigene Magie zu machen. Oft genug hat er nur eine Hölle zustande gebracht. Gelegentlich – und ich glaube, wir in Israel tun das – hat er das Tor zu einem neuen, blühenden Leben aufgestoßen.

Die Vorstellung des Juden von sich selber entstammt also der Bibel, und das ist ein Bild, das er an die ganze westliche Zivilisation vermittels der Tochterreligionen Islam und Christentum weitergegeben hat.

Daß das heilige Buch der Juden zuerst da war, ehe es einen vergleichbaren Glauben gab, ist für unsere Geschichte sehr wichtig. Lange war dieses Buch einzigartig. Jahrhundertelang, ja jahrtausendelang enthielt es die einzige Sittenlehre, die nicht auf praktische Notwendigkeiten abstellte (wie beispielsweise der ältere Kodex des Hammurabi), sondern auf ein Ideal jenseits und oberhalb des menschlichen Daseins. Hier ist die Ursache für die Fülle, aber auch für die Prüfungen der jüdischen Vergangenheit. Das heilige Buch ist nie eine ungeteilte Wohltat gewesen.

Nach dem Sechstagekrieg im Juni 1967 antwortete ich General de Gaulle auf seinen Vorwurf, die Juden seien ein ›aggressives‹ Volk. Ich verwies ihn auf die unbestreitbare Tatsache, daß kein Volk jemals so gehaßt, verfolgt, vertrieben, von Land zu Land gehetzt und schließlich (in unseren Tagen und in einem angeblich zivilisierten Europa) *en masse* vernichtet worden ist; daß wir aber trotz allem weder von der Erdoberfläche verschwunden sind, noch aufgegeben, noch uns assimiliert, sondern an dem Glauben festgehalten haben, eines Tages unser Land zurückzugewinnen.

Gibt es einen Zusammenhang zwischen unserem Glauben und unserem Leiden? Ich meine, ja. Es scheint doch, als erwachse das eine aus dem anderen. Dank der metaphysischen Ordnung der biblischen Sittenlehre entwickelten die Juden ein universales Gewissen. Ein solches Gewissen ist kein sanftes Ruhekissen, teils weil man nie hoffen kann, es zufriedenzustellen, es bohrt unablässig, teils weil Menschen mit weniger entwickeltem Gewissen immer wieder mit der Nase darauf gestoßen werden, daß es so etwas gibt, und das macht sie böse. Jesus, der ganz gewiß ein solches universelles Gewissen besaß, endete denn auch schon früh am Kreuz der Römer. Seit ihrer Vertreibung haben die Juden ein unablässiges Martyrium erlitten.

Weil sie einen unsichtbaren Gott verehrten, erschienen die Juden allen anderen seit je unverständlich und daher bedrohlich (was man nicht begreift, fürchtet man bekanntlich). Da ihre Sittenlehre erhabener und jedenfalls sehr anders war als die von anderen Menschen, da sie einen allgegenwärtigen Gott anbeteten, der, obwohl unsichtbar, besonders mächtig wirkte, weil die Juden sich allen Seinen Geboten unterwarfen, blieb dieses kleine Volk für sich allein. Es wollte niemanden bekehren, keine Proselyten machen, sondern einzig nicht gestört werden; selbst in der Zerstreuung schenkten die Juden ihrer Umgebung wenig Beachtung. Kein Wunder also, daß sie außerhalb ihrer eigentlichen Heimat keine Bleibe fanden. Kein Wunder auch, daß andere sie mit Mißtrauen betrachteten, das sich, unter dem Einfluß der Zeitereignisse, oft zu schlimmeren Gefühlen verdichtete. Wenn die jüdische Sittenlehre auf der Bibel als der einen Säule ruht, so heißt die andere, ebenso wichtige, Nation. Die Einzigartigkeit des jüdischen Volkes und des Judaismus besteht in folgendem: keine andere Religion ist untrennbar von der physischen Existenz eines Volkes. Ohne jüdische Geschichte kein Judaismus.

Daraus erklärt sich unsere Anhänglichkeit an Israel. Und für mich erklärt das auch, daß die von der Bibel geforderte Kreativität von den Juden, zwar nicht als Individuen, aber als Juden insgesamt, nur aufgebracht wurde und wird, wenn sie in ihrem eigenen Land wohnen.

Was ich die jüdische Sittenlehre genannt habe, das, was wir mit uns ins Exil nahmen, ist gewiß ursächlich gewesen für die Entwicklung von Individuen, die im Laufe der Zeiten schöpferische Beiträge an jene Gesellschaften leisteten, in denen sie gerade lebten. Die erwähnten Fälle (Freud, Marx, Einstein usw.) beweisen das. Aber als Juden haben die Juden nur einen einzigen positiven Beitrag geleistet: Sie haben durch den Talmud und durch ihre Traditionen eine Art bewegliche Heimat geschaffen, die sie während ihrer zweitausendjährigen Wanderungen zusammengehalten und die ihnen schließlich ermöglicht hat, heimzukehren in das Land ihrer Vorfahren.

Im Exil lebten die Juden mit dem Herzen und den

Gedanken innerhalb eines Erbes, das einerseits von der Bibel, andererseits von jenem Territorium bezeichnet wurde, das als Heimat galt. Dies hat sie, wie schon gesagt, bei anderen nicht beliebt gemacht, denn immer waren sie anders, in jedem Gemeinwesen waren sie ein fremdes Element. Die schöpferische Begabung, aus der die Thora hervorging und die vor dem Exil so sehr zum jüdischen Leben gehört hatte, trocknete allmählich aus. Aus ihr wurde eine bewahrende Tätigkeit, und diese diente der Erhaltung dessen, was bereits vorhanden war. Die Juden häuften Auslegungen von Auslegungen, Erläuterungen von Erläuterungen der Schriften. Das geistige Leben verarmte ebenso wie das materielle. Das jüdische Leben als solches verkümmerte, es spann sich in die Puppe der Gettozivilisation ein. Und brachten die Juden dann doch einmal ein schöpferisches Genie hervor, so verdammten sie es rasch als Aufwiegler. So wurde im 17. Jahrhundert der bedeutende Philosoph Baruch Spinoza aus der jüdischen Gemeinde ausgestoßen. Er schenkte seine Weisheit anderen, nicht in hebräischer, sondern in einer fremden Sprache. Die Juden lebten in politischer, wirtschaftlicher und geistiger Isolierung. Erst die vor einem Jahrhundert einsetzende Erneuerung der praktischen Bestrebungen zur Gewinnung ihrer Heimat hat den Juden Gelegenheit gegeben, ihre schöpferische Kraft als Volk neuerlich zu betätigen.

Daraus folgt, daß ohne ein jüdisches nationales Gemeinwesen, ohne Israel also, kein schöpferisches jüdisches Leben denkbar ist.

Der Jude kann in der Diaspora auch beim besten Willen nicht ausschließlich Jude sein, ja, tatsächlich kann er nur sehr wenig Jude sein. Ob sie es nun wahrhaben wollen oder nicht, die Juden der Diaspora leben ständig im Exil. Ich meine damit, daß sie immer in der Minderheit und damit abhängig sind von einer Mehrheit, die sie nicht kontrollieren können. Sie werden unablässig hin und her gerissen zwischen dem Wunsch, ihren jüdischen Status zu bewahren, der sie abseits hält, und der Neigung, dem Druck der Umwelt nachzugeben, der auf Assimilation abzielt. Nur sehr wenige der in der Diaspora lebenden Juden gehören zu jenen Schichten der Bevölkerung, die die elementare Arbeit für die Gesellschaft verrichten, also Land- und Industriearbeit. Die Mehrzahl der Juden lebt zusammengepfercht in den Großstädten. Selbst in den USA, wo die Juden allgemein wohlhabend und in ihrer Bewegungsfreiheit nicht eingeschränkt sind, konzentrieren sie sich auf die sechs größten Städte, entlang der Ostküste, in Chikago und in Los Angeles. Von sechs Millionen Juden insgesamt leben allein mehr als drei Millionen in New York und Umgebung.

In ärmeren Ländern macht es die Juden wirtschaftlich und auch physisch verletzlich, daß sie sich in den größeren Städten zusammendrängen. Die Ermordung jüdischer Geiseln in Bagdad und die Drangsalierung der alten jüdischen Gemeinde dieser Stadt zeigen deutlich, wie leicht es den Behörden fällt, über diese Menschen herzufallen, die ganz für sich mitten im Zentrum der Stadt beieinander wohnen, jederzeit erreichbare Opfer.

Ob sie nun ärmlich in überfüllten Gettos dahinvegetieren oder wohlhabende Großstädter sind, die ihren Wohlstand der Stadt verdanken, die Juden der Diaspora bleiben doch von dem eigentlichen Lebensquell eines jeden Volkes getrennt (dem Land und den Fabriken), was bedeutet, daß sie bei allem möglicherweise vorhandenen Wohlstand doch keinen festen Boden unter den Füßen haben. Nehmen wir als Beispiel die erfolgreichste jüdische Gemeinde in der Diaspora, die auch mir am vertrautesten ist, die Juden in den USA, zu denen ich die engsten persönlichen Verbindungen unterhalte. Ich habe einmal drei Jahre dort gewohnt und bin immer wieder hingereist, um mit ihren Vertretern zu unterhandeln. Wir hier in Israel fühlen uns den amerikanischen Juden ganz besonders verbunden für ihre großzügige Hilfe, und wir sind ihnen dankbar dafür, mehr als dankbar.

Wir wissen auch, daß die Juden als Bürger der USA sehr nützliche Arbeit leisten, daß sie in allen Berufen vertreten sind. Die Literatur der USA verdankt den Juden viel, insbesondere die des 20. Jahrhunderts. Das gleiche gilt für die Rechtswissenschaft, die Politik, die Naturwissenschaften. Und doch sind selbst in den USA Juden nur wenig in der Schwerindustrie, in der Hochfinanz, im Proletariat oder in der Landwirtschaft vertreten. Sie sind keine Elemente der nationalen Wirtschaft.

Der Jude in Amerika ist ein zerrissener Mensch. Wann eigentlich ist er Jude? Manch einer ist es einmal im Jahr, am Jom Kippur, dem heiligsten Tag im jüdischen Jahr, der auf den Zehnten des siebenten Monats fällt, wo man fastet und um Vergebung der Sünden betet. An diesem Tag sind die Synagogen voll. Andere Amerikaner besuchen die Synagoge regelmäßig jeden Samstag oder auch Sonntag – eine Konzession an die im Lande üblichen, nicht-jüdischen Gebräuche. Mancher Jude besucht sein Gemeindehaus und meint, er nehme hier teil an spezifisch jüdischen Tätigkeiten oder komme doch wenigstens mit anderen Juden zusammen. Und ganz gewiß darf man annehmen, daß er großzügig für Israel gibt, denn Amerikaner sind großzügige Menschen.

Neun Zehntel seiner Zeit jedoch verbringt der Jude in Amerika ebenso wie jeder andere Amerikaner. Und nach amerikanischer Auffassung soll er das auch. Nicht aber nach jüdischer Auffassung. Und was tut er da? Er bewohnt ein Haus. Höchstwahrscheinlich ist es nicht von Juden erbaut worden. Die elektrische Energie, die er verbraucht, wird nicht von Juden erzeugt. Auch der Bus oder die U-Bahn, die er benutzt, sind nicht von Juden gemacht worden. Und selbst wenn das der Fall wäre, hätte das in einem weiteren Rahmen doch keine Bedeutung. Haus, U-Bahn, Elektrizität sind amerikanische Dienstleistungen, einerlei ob ein Jude oder ein Nichtjude Gebrauch davon macht. Das ist weder gut noch schlecht, es ist einfach Tatsache.

Selbst der observante Jude lebt also die meiste Zeit wie ein Nichtjude. Schlimmstenfalls wird ihm sein Judentum, so gering es auch ist, zum Vorwurf gemacht; bestenfalls spielt es in seinem täglichen Leben eine nur geringe Rolle.

Daraus ergibt sich eine einfache Folgerung. Alle Juden sollten nach Israel kommen. In der Diaspora können sie nicht wirklich Juden sein. Die gekünstelte Unbefangenheit, die nervöse Gespanntheit, die an ihnen wahrzunehmen sind, verschwinden jedoch vollständig, sobald sie hier angekommen sind. Außerhalb Israels hat der Jude nur zu wählen zwischen dem Getto und der Assimilierung. Innerhalb Israels ist es so natürlich, Jude zu sein, wie es in Frankreich natürlich ist, Franzose, in Griechenland Grieche zu sein. Nicht einmal die USA sind jene Ausnahme, als die sie gerne erscheinen. Juden, die sich als Juden fühlen und sich nicht zwecks Assimilation in den berühmten amerikanischen ›Schmelztiegel‹ werfen lassen (das steht ihnen allerdings frei), sind immer nur eine Minderheit. Gewisse Türen bleiben ihnen verschlossen. Sie zählen zu den Gruppen mit besonderer Interessenlage. Ihre Kinder allerdings haben keinen brennenderen Wunsch, als spurlos in dem sie umgebenden Gemeinwesen unterzutauchen.

In Israel sieht der Jude sich solchen Problemen nicht gegenüber, er braucht auch nicht unterzutauchen. Alles ringsumher ist jüdisch, und es spielt keine Rolle, ob jemand religiös ist oder nicht. Das Individuum leistet mit jeder einzelnen Geste seinen Beitrag dazu. Es kann ein erfülltes Leben haben, denn es ist ganz Jude und zugleich ganz Mitmensch in einer Gesellschaft, die keine Konflikte dieser Art kennt.

Das ist ein ausschließlich jüdischer Grund, nach Israel zu kommen. Wir bieten hier das erfüllte jüdische Leben, ein erfülltes menschliches Leben, das gewiß nicht materiell reicher ist als anderswo, dafür verspricht es aber eine größere spirituelle Erfüllung.

Andere Gründe für die Einwanderung nach Israel werde ich später nennen, aber für den Juden hält das Leben hier vor allem Hoffnung auf reiche moralische Befriedigung bereit.

Ich war schon immer dieser Ansicht, und meine eigene Haltung zu Israel ist davon geprägt worden. Ich bin als sehr junger Mensch hergekommen, und damals hielten die meisten Juden die Idee einer jüdischen Nation für absurd. Ich erinnere mich noch sehr deutlich der langen Wanderungen, die ich als junger Neuankömmling hier unternahm und meiner Träume, in denen dieses Land wieder einer jüdischen Nation gehören sollte. Ich bin damals viel gewandert und habe den ganzen Norden und die Mitte des Landes durchstreift.

Es gab immer Gründe, einen Marsch anzutreten – eine politische Versammlung in Haifa, die Zusammenkunft der Jüdischen Gemeinschaft in Jerusalem, der Festtag einer Kollektivfarm, kurzum alles Erdenkliche hier oder dort, was ich nicht versäumen wollte.

Damals hieß es entweder reiten oder wandern. Da ich weder ein Pferd noch das Geld dafür besaß, wanderte ich.

Ich erinnere mich, wie ich eines Tages von Sichron Ja'akov südlich Haifas nach Jaffa zu einer Versammlung ging. Das war ein Fußmarsch von zwei Tagen durch das, was heute das Herzstück von Israel ist, der am dichtesten besiedelte, meist bebaute und kultivierte Teil. Ich kam so müde in Jaffa an, daß ich das einzige Mal im Leben vierundzwanzig Stunden hintereinander schlief. Damals war das Land nur dünn besiedelt, das war 1908. Die neu angelegten jüdischen Siedlungen zählten weniger als zwanzig. Ich war 1906 ins Land gekommen, und seither war nicht ein einziges neues Dorf errichtet worden. In Galiläa saßen einige wenige Pioniere, doch die wollten an Ort und Stelle bleiben, und wir brauchten dringend Menschen, die sich überall im Lande niederlassen sollten. Im Jahr darauf war dann die freudige Nachricht zu hören, daß eine neue Siedlung entstehen sollte. Es war die erste neue Siedlung seit meiner Ankunft, und sie bestand aus nur sechs Häusern in der Nähe von Tiberias; die

Eigentümer waren fünf Brüder. Viel war das nicht, aber es rechtfertigte doch unsere Zuversicht.

Als ich damals so durch die öde Ebene ging und nur gelegentlich auf wandernde Beduinen traf (die auch heute noch nach Lust und Laune im Lande umherwandern und sich weder um Zivilisation noch um Politik kümmern) oder das eine und andere, von notleidenden Arabern bewohnte Dorf, zweifelte ich keinen Moment daran, daß alles Land einmal ganz den Juden gehören würde. Ich sah, daß uns hier eine einzigartige Gelegenheit geboten war, unser Können zu beweisen und uns als Juden zu bewähren. Es war einfach nichts da. Dies war buchstäblich ein vergessener Winkel des türkischen Reiches, ja des Erdballes. Niemand wollte ihn haben, schon gar nicht die palästinensischen Araber, die selbstgenügsam in Armut unter den Türken dahinvegetierten. Ihre spätere Entrüstung über die Anwesenheit der Juden ist künstlich von Interessenten und den Propagandaapparaten der umliegenden arabischen Staaten angefacht worden. Eines ist sicher: Wenn die Juden aus Israel verschwänden, was sie nicht tun werden, die palästinensischen Araber hätten angesichts der Expansionsgelüste Ägyptens, Syriens, Jordaniens und zum geringeren Teil auch des Libanon keine Aussicht auf Autonomie. Das steht fest.

Damals, als ich ins Land kam, kümmerte sich jedenfalls keine Seele um dieses Gebiet, und ein jeder mochte herkommen und aus dem Nichts etwas erschaffen.

Ich glaubte schon damals, was ich heute glaube: daß wir ein unbestreitbares Recht auf das Land haben. Nicht das Recht, es anderen wegzunehmen (es gab keine anderen), aber das Recht und die Pflicht, seine

Leere zu füllen, seine Unfruchtbarkeit zu beleben, eine moderne Version unseres uralten Volkes zu schaffen. Und ich meinte, daß wir diese Mühe nicht nur uns selber schuldig waren, sondern auch dem Lande.

Das Land ist durch viele Hände gegangen. Immer wieder ist es erobert und aufgegeben worden. Abgesehen von uns und unseren Vorgängern, den Kanaanitern, hat das Land Ägypter gesehen und Assyrer, Perser, Griechen, Römer, Araber, Seldschuken, Kreuzfahrer, Mameluken, ottomanische Türken und Briten. Die Kanaaniter gibt es nicht mehr, aber nur ihnen und den Juden ist das Land jemals Heimat gewesen. Es war Schlachtfeld, Beute, ein erobertes Gebiet, das geplündert werden durfte, eine Wegstation, Weide. Nur die Juden haben das Land um seiner selbst willen geliebt, haben es bearbeitet, es sich durch Arbeit angeeignet. Das war vor zweitausend Jahren so, und so ist es noch heute. Israel gehört im zwanzigsten Jahrhundert nicht darum uns, weil wir Krieg um es geführt haben (das waren nur Schutzmaßnahmen, die unsere Anwesenheit erforderlich machte), sondern weil wir es besiedelt haben. Ich habe mein Leben an die Besiedelung dieses Landes gegeben. Und als ich 1906 und 1908 das Land durchwanderte, wußte ich, daß unsere Arbeit nicht vergebens, daß das Land eines Tages unser sein würde.

Als Seitenstück zur Gründung Israels sehe ich in der Wiedergeburt des Hebräischen als unserer Nationalsprache einen großen Triumph und eine Bestätigung dafür, daß die Bande zu unserer uralten Vergangenheit noch stark sind. Die Exilsprachen, hauptsächlich also das Ladinische und das Jiddische, mögen zwar als Phänomene der Kultur und der Folklore von Interesse sein, doch sind es Sprachen der Erniedrigung. Hebräisch, und damit die Kenntnis unserer größten Schriften Thora und Talmud, das ist der Mutterboden unseres Judentums. Dank dieser Elemente sind die Juden sich auch in der Zerstreuung treu geblieben. Heute gibt das moderne Hebräisch dem Staat Israel eine ganz eigene Note und erinnert ständig an das geschichtliche Erbe, dem unser nationales Leben seine Vielfalt verdankt.

Das Zunehmen der Säkularisierung bringt die jüdischen Gemeinschaften außerhalb Israels der Assimilierung immer näher. Säkularisierung ist eine Zeiterscheinung, und da ich nicht religiös bin, habe ich keinen Anlaß, sie zu bedauern. Daß ich für die Säkularisierung bin, heißt aber noch nicht, daß ich auch für die Ignoranz bin, die sie im Gefolge hat.

Wo die Juden nicht verfolgt werden, verschwinden sie in zunehmender Zahl, keineswegs auf dramatische Weise, sondern ganz unauffällig; sie gehen in der Anonymität jener unter, die keine Überzeugungen haben. Wäre nicht Israel, wir müßten innerhalb des nächsten Jahrhunderts mit der vollständigen Assimilation rechnen. Das würde für die Menschheit den Verlust einer großen kulturellen und humanistischen Tradition bedeuten, und die Juden hätten Jesajas Gebot mißachtet, zum Licht der Völker zu werden.

Israels Vorhandensein garantiert zum Glück, daß es dahin nicht kommen wird. Doch sogar hier bei uns bedroht der Säkularismus das Wissen, droht das Interesse am Wesentlichen der jüdischen Tradition verlorenzugehen. Diese Gefahr wächst mit unseren immer schneller zunehmenden technischen Fertigkeiten. In den letzten hundert Jahren hat die Welt sich mehr

verändert, als in den vorangegangenen tausend Jahren. Und die Geschwindigkeit der Veränderung nimmt ständig zu.
Daher ist es für Juden in aller Welt umso dringender, zu begreifen, daß sie zu Israel, zur Bibel und zum Hebräischen gehören, jenen Säulen, auf denen das Judentum ruht.
Wie soll diese Zugehörigkeit verwirklicht werden? Nun, ich glaube, die Antwort lautet heute, wie sie 1906 und 1870 lautete: durch Pioniertaten.

Den Pionieren hat man Rebellentum vorgeworfen, man hat gesagt, sie könnten ein ›normales‹ Leben nicht führen, das sei ihnen zu konformistisch. Was aber soll man unter einem ›normalen‹ Leben verstehen? Versteht man darunter nicht meist einen Zustand der Unbeweglichkeit, wo alles ruht? Das ist doch wohl nicht normal zu nennen, sondern höchst abnormal! Das Leben ist schließlich Kampf. Und das beste Mittel, die aus Apathie geborene Neigung zur Assimilation zu bekämpfen, ist eben jener Geist, mit dem wir diesen Staat errichtet haben.
Jene Pioniere, zu denen ich in meiner Jugend in Israel stieß, waren arm. Wir trugen am Leib, was wir gerade fanden, und unsere Haare waren lang, weil wir uns nicht die Zeit nahmen und nicht das Werkzeug hatten, sie zu stutzen. Aber wir waren nicht Nonkonformisten um des Nonkonformismus willen, sondern wir wollten ein neues Leben schaffen, wollten über das Leben hinaus vorstoßen, das es schon gab.
Dieser Drang hat mich seither nie verlassen, und seine schönste Bestätigung hat er gefunden, als ich vor fünfzehn Jahren hierher kam, in die Wüste. Der Negev ist heute eine noch größere Herausforderung als alles,

vor das die Pioniere früherer Jahre sich gestellt sahen.

Soll der Geist Israels überdauern, so können wir auf die Pioniere nicht verzichten. Und auch darum müssen Juden zu uns kommen, nicht nur damit sie ein integriertes Leben führen können, sondern um zu dienen. In den Städten brauchen wir keinen Zuzug, da leben schon genug Menschen, mehr als genug. Hier brauchen wir sie, in der Wüste, hier sollen sie mit Hilfe der modernen Wissenschaft und dem Schweiß ihrer Hände aus Sand und Gestein fruchtbares Land machen.

Die Pioniertaten sind Israels Lebensblut, wie sie das der gesamten Menschheit sind. Der Flug zum Mond und die Fruchtbarmachung der Wüste sind meiner Ansicht nach gleichartige Handlungen. Wir haben gesehen, daß die Bibel diesen Aspekt der menschlichen Existenz an die erste Stelle rückt. Doch die Sterne sind nur ein Symbol. Es ist auf Erden viel zu tun. Heute wird den Juden eine Gelegenheit geboten, die Generationen im Exil Lebender nicht wahrnehmen konnten. Sie können dem Propheten gehorchen, der von Israel zwei Dinge verlangt hat: Daß es der Bund zwischen allen Juden sei und somit ihren Zusammenhalt als Volk stärke, und daß es der Menschheit ein Beispiel gebe, den Völkern ein Licht sei. Für mich bedeutet Pionier sein ein Beispiel geben, und es kann kein höheres jüdisches Ideal geben, als in diesem öden, belagerten kleinen Land eine reiche und dauerhafte Lebensweise zu entwickeln, die in ihrer Fülle niemals aufhören wird, nach neuen Betätigungsfeldern zu suchen und als ein Modell zu dienen, an dem die Menschheit insgesamt sich erbauen kann.

Frühe Jahre

(David Ben Gurion wuchs auf als David Grün, viertes Kind des Advokaten Avigdor Grün, der ein Holzhaus in der Ziegengasse bewohnte, einem ungepflasterten, häufig morastigen Sträßchen im Judenviertel von Plonsk, einem kleinen Marktflecken siebzig Kilometer nordwestlich von Warschau. Hier wurde David Grün am 16. Oktober 1886 geboren. Heute gehört die Gegend zu Polen, damals zum zaristischen Rußland.

Heute leben in Plonsk keine Juden mehr. Ihr ehemals großer Friedhof ist von Unkraut überwuchert und weist nur noch vereinzelte, geborstene Grabsteine auf, für die die staatlichen Straßenbaukolonnen keine Verwendung hatten. Zwei der ehemals drei Synagogen sind verschwunden, die dritte dient als Kornhaus. Das alles zeugt von der Gründlichkeit der nazistischen Ausrotter und ihrer Nachfolger. Zu Beginn des Jahrhunderts aber wohnten in Polen Millionen von Juden, und jede Stadt hatte ihre vielköpfige jüdische Gemeinde. Je nachdem wo sie wohnten, teilten die Juden mit den Polen den unseligen Status der entweder von den Russen, den Deutschen oder den Österreichern beherrschten Bürger zweiter Klasse.

Plonsk war immerhin ein ruhiges Fleckchen, wo selbst Juden hoffen durften, ihre Tage in Frieden zu beschließen, einigermaßen frei von der Furcht vor plötzlichem Pogrom oder Ausweisung. David Grün verbrachte hier Kindheit und Jugend, bis er im Alter von neunzehn Jahren nach Palästina ging, um als zionistischer Pionier bei der Errichtung des jüdischen Nationalstaates zu helfen.
Er spricht nun über seine Kindheit und darüber, wie er den Ruf Israels vernahm.)

Ich kann mich kaum erinnern, daß irgendwann in meinem Leben der Gedanke, das Land Israel zu erbauen, ›Eretz Israel‹, wie wir damals sagten, nicht die Hauptrolle gespielt hätte. Wenn ich sage, daß ich mit drei Jahren davon träumte, nach Palästina zu kommen, so ist das keine Übertreibung. Und vom zehnten Lebensjahr an habe ich mit Sicherheit nie mehr erwogen, mein Leben anderswo zu verbringen.

Ich wurde in der Kindheit wie natürlich in diese Richtung gedrängt. Im dritten Lebensjahr erhielt ich hebräischen Unterricht von meinem Großvater. Er ließ mich auf seinen Knien reiten, und ich sprach ihm die Wörter nach. Innerhalb weniger Monate sprach ich fließend Hebräisch, ja, ich lernte die alte Sprache der Juden sprechen und lieben, bevor ich eine andere Sprache lernte. Jiddisch und Russisch waren Umgangssprachen in unserer Stadt. Hebräisch galt bei allen, ausgenommen einige wenige sehr gebildete Leute, als die ›tote‹ Sprache des Talmud und der Thora, mit der man sich in der Schule zu plagen hatte und die man sogleich vergaß. Ich erinnere mich genau, daß ich beim Anhören der jüdischen Geschichte, wie der Großvater sie berichtete, dachte: »Plonsk ist nicht mein wirkliches Zuhause. Hier wohnen wir unter Fremden. Ich muß ins Land Israel.«

Als ich etwas älter war, kam Theodor Herzl nach Rußland. Herzl, ein österreichischer Jude, von Beruf Journalist, war von dem die Dreyfus-Affäre begleitenden Antisemitismus so betroffen, daß er ein Buch mit dem Titel *Der Judenstaat* schrieb, in dem er für die Gründung eines jüdischen Nationalstaates eintrat. Den Rest seines Lebens wandte er an die zionistische Bewegung. Bei seinem Erscheinen in Rußland wurde er als der Messias begrüßt. Überall hieß es, ›Der Messias ist gekommen‹, und wir Kinder waren sehr beeindruckt. Für einen Knaben war es nicht schwer, in Herzl den Messias zu erkennen: Er war schlank und groß, hatte ein feines Gesicht und einen wallenden, schwarzen Vollbart. Ein Blick auf ihn, und ich war bereit, ihm auf der Stelle ins Land meiner Vorfahren zu folgen.

Meine Generation war reif für den Zionismus. Unsere Eltern begnügten sich damit, zu träumen und zu schwatzen, und machten dabei ihren Frieden mit der unberechenbaren, aber damals gerade einmal nicht aktiv feindseligen Umwelt im östlichen Europa. Mein Vater, Advokat und prominentes Mitglied der jüdischen Gemeinde (obwohl manche ihn tadelnd einen Freidenker nannten), verstand sich als einen ›Getreuen Zions‹. Vor Herzls Besuch kamen er und seine Freunde häufig bei uns daheim zusammen, und man hörte immer wieder die Worte ›Das Land Israel‹. Später trat die Gruppe dann der zionistischen Bewegung bei. Die damals und dort herrschende Atmosphäre begünstigte nicht nur mein, sondern das

Bestreben aller nordöstlich der Donau ansässigen Juden meines Alters, die Dinge ihrem logischen Ende zuzutreiben: also die Erfüllung der Prophezeiungen nicht nur herbeizuträumen und zu schwätzen, sondern auszuwandern und Eretz Israel zu erbauen. In diesem Sinn kann man Herzl wirklich einen Messias nennen, denn er erweckte in der Jugend die Gewißheit, daß Eretz Israel zu verwirklichen sei. Er fügte allerdings an, dies sei nur möglich, wenn wir es mit eigenen Händen erbauten. Dieser Auffassung widersprachen erbittert unsere Eltern und Großeltern, und ganz besonders gewisse Sekten wie die Chassidim, die es für unfromm hielten, den mystischen Versprechungen eines himmlischen Aufrufs zur Rückkehr vorzugreifen.

In der jüdischen Gemeinde von Plonsk waren drei Elemente vertreten. Die Armen, das waren kleine Krämer, Ladner und Hausierer. Dann der Mittelstand, zu dem meine Familie gehörte, Leute mit akademischer Ausbildung und entsprechenden Berufen, die weder reich waren noch arm, sondern in angenehmen Verhältnissen lebten. Hier waren auch die Intellektuellen beheimatet, Freidenker und Sozialisten, Gelehrte und Zionisten. Die Chassidim, das dritte Element, waren meist wohlhabend, hielten sich für eine Elite und blieben unter sich. Sie hatten eine eigene Synagoge, und nur zwei von ihnen wurden Zionisten, als diese Bewegung damals bei uns um sich griff. Die übrigen lehnten die aktivistische Auffassung der Zionisten ab und zwangen die beiden Abtrünnigen, schleunigst die Stadt zu verlassen. Ging einer unserer Juden nach Palästina, so trauerten die Chassidim sieben Tage um ihn, ganz als sei er verstorben.

Hat Antisemitismus bei alledem eine Rolle gespielt?

Für meine Generation hat er nur auf indirekte Weise zu unserem Wunsche beigetragen, auszuwandern. Für den Zionismus ganz allgemein hat er natürlich so etwas wie einen Katalysator bedeutet. Herzl hatte er von einem Dilettanten, einem Liebling der literarischen Wiener Salons, der sich in der nichtjüdischen Welt ganz zu Hause fühlte, in einen Mann verwandelt, der fortan nur noch für die Sache des jüdischen Staates lebte. Und daß Juden bekanntermaßen immer wieder Gegenstand von Diskriminierung und Verfolgung wurden, mußte es ihnen angelegen sein lassen, für sich selber ein Land zu suchen.

Und doch hatte für viele von uns Antisemitismus nur wenig mit unserer Liebe zur Sache zu tun. Ich selber habe nie unter Antisemitismus gelitten. In Plonsk war davon bemerkenswert wenig anzutreffen, mindestens fühlten die Juden sich in ihrem Gemeindeleben durchaus sicher. Nichtsdestoweniger war es Plonsk – und dies halte ich für sehr bemerkenswert –, das die meisten Juden von allen vergleichbaren Städten Polens nach Eretz Israel schickte. Wir emigrierten nicht aus negativen Gründen, um Verhältnissen oder Menschen zu entkommen, sondern mit dem positiven Vorsatz, unsere Heimat neu zu erbauen, ein Land zu besiedeln, in dem wir nicht auf ewig Fremde sein müßten, sondern das durch unsere Mühe unwiderruflich das unsere werden würde.

Das Leben in Plonsk verlief friedlich genug. Es gab im wesentlichen drei Bevölkerungsteile, Russen, Juden, Polen, die getrennt voneinander lebten. Die Russen waren die Okkupanten und hatten die Verwaltung in der Hand. Polnische oder jüdische Verwaltungsbeamte gab es nicht. Verwaltung und Polizei mischten sich fast nie in Dinge ein, die zwischen Polen und Juden auszuhandeln waren. Sie schätzten beide Gruppen nicht und nahmen am täglichen Leben der Stadt so gut wie keinen Anteil.

Die Polen waren etwa ebenso zahlreich wie die Juden, so um die 5000. Die Juden bildeten eine eng geschlossene Gruppe und bewohnten den Stadtkern, während die Polen mehr zerstreut waren, die Stadtränder bewohnten und auch noch das umliegende Land. Wenn es zu Zusammenstößen jugendlicher Juden und Polen kam, verfügten die Polen immer nur über Jungen aus dem Viertel, in dem man gerade war, und damit waren sie schwächer, weil die Juden, auch wenn anfangs zahlenmäßig unterlegen, jederzeit Verstärkung herbeiholen konnten. Es war also nicht so, daß wir sie gefürchtet hätten, sondern umgekehrt. Im allgemeinen waren die Beziehungen aber freundlich, wenn auch distanziert. Ich muß allerdings erwähnen, daß mein Vater viele gute Bekannte unter den Polen hatte, die ihn beruflich konsultierten und ihm vertrauten. Das heißt durchaus nicht, daß die Bevölkerung nicht insgesamt antisemitisch gewesen sei. Die meisten Polen sahen als gute Katholiken im Juden den Gottesmörder. Daß diese Ansicht historisch unhaltbar ist, machte natürlich nichts aus. Dieser überkommene Antisemitismus hinderte aber weder Polen noch Russen, jüdische Freunde zu haben. Und das erinnert mich an den berühmten antisemitischen Bürgermeister von Wien, der auf den Vorwurf, er habe doch selber Umgang mit Juden, erwiderte: »In Wien bestimme ich, wer Jude ist.«

Dank meiner zionistischen Neigungen lag mir nichts am Erlernen der Landessprachen. Da ich nicht zu bleiben gedachte, bedeuteten sie mir nichts. Ich lernte Russisch, ich las viele russische Bücher, insbesondere Dostojewski und Tolstoi. Einer von Tolstois Helden beeindruckte mich so tief, daß ich im Alter von acht Jahren meinen Eltern ankündigte, ich sei Vegetarier geworden. Das hat allerdings nicht lange vorgehalten.

Während der Schuljahre las ich hauptsächlich jüdische Geschichte und russische Literatur. Im Alter von neun Jahren las ich zwei Bücher, die mir einen lebenslangen Eindruck hinterlassen haben, das eine war *Ahavath Zion* von Abraham Mapu, dem ersten modernen hebräischen Romancier. Das andere war *Onkel Toms Hütte* in russischer Übersetzung. Mapu hat als erster mein Verständnis für das Leben in biblischer Zeit erweckt. Die Bibel lasen wir selbstverständlich im Religionsunterricht. Da wirkte sie aber trocken und abgestanden. Durch Mapu wurde sie mir lebendig. Er beschrieb richtige Menschen, die ein Leben führten, das ich als Bewohner von Plonsk im beinahe schon 20. Jahrhundert mir vorstellen konnte. Und Mapus Gestalten sprachen die Sprache der Bibel, die durch seine Feder wieder lebendig wurde. Mapu schildert insbesondere das Leben unter den jüdischen Königen, die biblische Periode also, nicht die Exilperiode, die der Talmud behandelt. Nichts anderes konnte die Zeit des alten Juda und Israels einem Knaben auch nur annähernd so lebendig machen und damit den Traum von einem Neubeginn in den Zusammenhang des täglichen Geschehens stellen. *Onkel Toms Hütte* ergriff mich aus anderen Gründen. Der Gedanke, daß man Sklaven halten, daß der Mensch den Menschen so roh ausbeuten könnte, machte mich tief betroffen. Toms angeborener Edelmut beeindruckte mich sehr. Daß er

Sklave war, nahm ihm nichts von seinem Menschentum, es vernichtete ihn nicht. Hier drängte sich förmlich der Gedanke an Mose auf, der als erster in der uns bekannten Menschheitsgeschichte die Sklaverei verworfen hat.

Die Träume von Eretz Israel schienen besonders in meinem Fall völlig vermessen, denn als Kind war ich ungewöhnlich zart. Die Ärzte verordneten mir zur Kräftigung einen Landaufenthalt. Daß meine Mutter, eine einfache Frau, die sehr an ihrem Zuhause hing, tief fromm war und sich außerhalb unserer Gemeinde sehr beklommen fühlte, daß diese Frau es um meinetwillen auf sich nahm, auf ein Dorf zu ziehen, wo sie von Fremden umgeben war, die sie fürchtete, das hat mich immer mit tiefer Ehrfurcht erfüllt. Mutter erwartete Großes von mir. Als ich neun war, untersuchte mich ein Phrenologe, wie es damals üblich war, und prophezeite mir eine bemerkenswerte Zukunft. Mutter war darüber sehr glücklich und meinte: »Mein Dutschka (so lautete mein Kosename) wird ein großer Rabbiner. Und er wird die Menschen aufhorchen machen.«

Mein Vater war, wie schon gesagt, nicht fromm. Er hielt zwar die religiösen Vorschriften ein, war im Grunde aber ein Freidenker. 1925 übersiedelte er nach Eretz Israel, und hier hat er dann endgültig auf die Ausübung der Religion verzichtet. Er duldete aber nicht, daß ich als Knabe offen meinen Unglauben bekannte, sondern bestand darauf, daß ich mich dem Ritual unterwarf, damit ich nicht in einen Gegensatz zur Gemeinschaft geriet.

Als ich zehn Jahre alt war, starb meine Mutter. Das hat mir auf Jahre hinaus den Geschmack am Leben genommen. Zwar ging ich weiter zur Schule, ich setzte auch meine Lektüre fort, doch tat ich es mit leerem Herzen. Das Gefühl, alles menschliche Bemühen sei vergeblich, verließ mich nicht. Dann, mit vierzehn Jahren, kam ich plötzlich aus diesem Tunnel heraus und warf mich aus Leibeskräften in die zionistische Bewegung.

Zusammen mit zwei anderen älteren Jungen, Schmuel Fuchs und Schlomo Zemach (letzterer wurde einer der bekanntesten israelischen Schriftsteller meiner Zeit) wirkte ich an der Gründung der Esra-Gesellschaft mit, die sich das Lehren des Hebräischen zur Aufgabe gemacht hatte und nach jenem bedeutenden Lehrer benannt war, der aus Babylon nach Jerusalem zog, um den Tempel wiederaufzubauen. Wir meinten, daß es zwischen unseren Erwartungen hinsichtlich Palästinas und Esras Zeit und Bestrebungen eine gewisse Ähnlichkeit gab. Ich erteilte also armen Kindern hebräischen Unterricht. Alle Kinder besuchten den Cheder (eine Art von hebräischer Grundschule), doch wie das so geht, die Armen kommen immer zu kurz, wenn Kulturgüter ausgeteilt werden. Unsere Bemühungen waren erfolgreich, und wir dehnten sie aus, indem wir unsere Schüler beauftragten, ihrerseits Unterricht zu erteilen. Wir hörten erst auf, als alle Kinder des Judenviertels wenigstens ein Gefühl für die Sprache bekommen hatten. Die junge Generation nahm sich dann die Älteren vor, und bald schon gehörte Plonsk zu den wenigen Städten in der Diaspora, in denen fast jede Familie Grundkenntnisse des Hebräischen besaß.

Etwa ein Jahr nach Gründung der Esra-Gesellschaft fing ich an, meine Zeit zwischen Plonsk und Warschau zu teilen. Bei uns gab es keine höhere Schule, und so mußte ich mich selber auf das Studium am Warschauer Polytechnikum vorbereiten. Ich wollte Ingenieur werden, denn ich wußte, beim Aufbau des rückständigen Palästina würden Ingenieure gebraucht werden. Übrigens bestand auch mein Vater darauf, daß ich ein Studium abschloß, ehe ich auswanderte. Er fragte sogar schriftlich bei Herzl an, ob er mir nicht einen Studienplatz an einer westeuropäischen Universität beschaffen könne, vorzugsweise Wien oder Basel. Ich habe das erst nach seinem Tod erfahren, er selber hat es mir gegenüber nie erwähnt. Jahre später wurde sein Brief unter allen möglichen Dokumenten im zionistischen Museum in Jerusalem gefunden und ist mir daher bekannt geworden. Ob Herzl geantwortet hat, weiß ich nicht. Ich bezweifle es, denn damals war er sehr damit beschäftigt, die europäischen Regierungen zu bearbeiten.

Wie dem auch sei, im Jahre 1903 wurden alle meine Pläne umgeworfen. Die Zionisten, Herzl eingeschlossen, wollten plötzlich nicht mehr Palästina besiedeln, sondern Uganda. Die jüdische Jugend Mitteleuropas war ganz gegen Uganda und entschlossen, diesen Vorschlag mit allen Mitteln zu Fall zu bringen. Und das wirksamste Mittel war sofortige Einwanderung nach Palästina im Namen von Eretz Israel.

Der erste, der aus Plonsk abfuhr, war Zemach, mein Freund und Mitlehrer aus der Esra-Gesellschaft. Er war älter als wir übrigen und wünschte überdies dringend, bedrücklichen Familienverhältnissen zu entkommen. Wir beschlossen, er solle erst einmal auf etwa ein Jahr nach Palästina gehen und uns dann aus erster Hand berichten. Seine Abreise vollzog sich nicht ganz glatt. Er stammte aus einer alten, gelehrten, aber armen Familie. Eines Tages gewann der Vater 500 Rubel in der Lotterie, und der Junge wurde beauftragt, das Geld in der nächsten Stadt zur Bank zu geben; er nahm sich heimlich 200 Rubel, um die Reise nach Palästina bezahlen zu können. Er schämte sich seiner Handlungsweise so sehr, daß er gar nicht mehr heimfuhr, sondern gleich nach Warschau. Er versteckte sich bei mir, um hier den Tag seiner Abfahrt zu erwarten.

Ich wußte, daß der Vater ihn bei mir suchen würde. Zemach wurde also bei zwei Kommilitonen untergebracht. Kurz darauf erschien sein Vater bei mir und wollte wissen, wo sein Sohn steckte. Ich sagte: »Schlomo fährt nach Eretz Israel. Ich kann Sie nicht zu ihm führen.« Wir stritten ein Weilchen, doch dann brach der Alte zusammen und weinte um seinen Sohn. Das konnte ich nicht mit ansehen. »Wenn Sie versprechen, daß Sie ihn nicht an der Abreise hindern wollen, lasse ich ihn holen.« Der Vater versprach das, und die beiden versöhnten sich. Zemach fand aber erst Ruhe, als er die gestohlenen 200 Rubel zurückgezahlt hatte, obschon der Vater sie ihm nachträglich aufdrängte. Das war das erste, was er anderthalb Jahre später nach seiner Rückkehr tat.

Während seines ersten Aufenthaltes in Palästina schrieb Zemach mir getreulich jede Woche, lange, ausführliche Briefe von fünfundzwanzig oder mehr Seiten. Ich konnte ihr Eintreffen kaum erwarten. Er beschrieb, wie schwer es sei, Arbeit zu finden, was er arbeitete, wenn er welche fand, wie ihm das neue Leben als Handarbeiter zusagte, wie das Land aussah, in welchem Zustand er die schon dort befindlichen Pioniergruppen angetroffen hatte, und um was es bei ihren Diskussionen ging. Er schilderte die Härte des Pionierdaseins, das so gar nichts mit unseren rosigen Vorstellungen gemein hatte. Nie machte er den Versuch, die zahllosen Schwierigkeiten zu beschönigen, und doch klang in diesen inhaltsreichen Briefen nie ein Ton von Verzweiflung mit. Immer hatte er Vorschläge zu machen, wie die Schwierigkeiten zu überwinden wären.

Dank Zemachs Briefen war mir, als kennte ich Palästina bereits so gut wie mein Geburtsland. Ich konnte mir jedes Detail in den von ihm besuchten Gegenden vorstellen, glaubte das soziale, politische und meteorologische Klima des Landes genau zu kennen. Seine Briefe bildeten während dieser Jahre meinen kostbarsten Besitz. Gerne hätte ich sie eines Tages veröffentlicht. Welch eine Dokumentation des Pionierlebens! Unglücklicherweise gingen sie während des Ersten Weltkrieges zusammen mit all meinen persönlichen Habseligkeiten in Jerusalem verloren, als die Türken viele Juden aus Palästina auswiesen.

Im Sommer 1906 kam Zemach nach Plonsk, und diesmal konnte mich nichts halten – ich wollte zusammen mit ihm nach Palästina. Das Studium, der Ehrgeiz meines Vaters, der Vorteil der akademischen Ausbildung – das alles galt nichts mehr neben dem Gedanken, endlich meinen Fuß auf das Land setzen zu können. In Warschau, in Europa, vertrödelte ich nur meine Zeit. Ich wurde älter, ohne meinem Ziel näherzukommen. Zionismus, das war keine Redensart, das war kein Traum. Es war Wirklichkeit. Aber nur, wenn man entschlossen war, konsequent nach Palästina einzuwandern, den Spaten zur Hand zu nehmen und Eretz Israel zu schaffen. Fast zweitausend Jahre hatten die Juden im Exil ihr Land aus der Ferne geliebt, hatten sich mit den Worten des Propheten getröstet, daß sie eines Tages heimkehren sollten. Nun, dieser Tag war gekommen. Wenn Gott ein ganzes Universum schaffen konnte, so konnten wir mindestens im steinigen Boden von Galiläa Obstbäume pflanzen. Solche Empfindungen bestimmten mich, nicht mehr zuzuwarten. Ich eröffnete mich meinem Vater, den das bekümmerte. Ich blieb jedoch fest, und Zemach und ich bereiteten unsere Reise vor. Eine Woche vor Abfahrt des Zuges nach Odessa wurde ich verhaftet.

Es war schon meine zweite Erfahrung mit der Polizei und dem Gefängnis. Schon früher war ich in Warschau festgenommen worden, weil dem Polizisten meine Haare zu lang waren. Ich sah gewiß aus wie ein Bilderbuchanarchist. Damals, und das ist fast ein Dreivierteljahrhundert her, hatten wir ähnliche Probleme wie die Jugend heute. Wie sagen die Franzosen so richtig: je mehr die Dinge sich ändern, desto mehr bleiben sie sich gleich. Nun, mein Vater wurde in die Hauptstadt beordert, um mich auszulösen, und als er dem Reviervorsteher seine Visitenkarte überreichte, stellte sich heraus, daß beide Herren den gleichen Namen hatten. »Sie heißen Avigdor Grün? So heiße ich auch!« Sie gaben einander die Hand, und ich wurde freigelassen.

Meine zweite Verhaftung war aber nicht so leicht zu nehmen. Zugrunde lag der Umstand, daß die Rabbiner aus Plonsk und Umgebung mich als eine Art Schiedsmann benutzten, wenn es Rechtsstreitigkeiten innerhalb der jüdischen Gemeinden gab. Die Juden vermieden nach Möglichkeit, vor ein russisches Gericht zu gehen, und wenn eine juristische Auseinandersetzung unvermeidlich war, wandten sie sich zunächst an den Rabbiner, der wiederum leichtere Fälle zwecks Vorklärung des Sachverhaltes einem Schiedsmann übergab. Konnte die anstehende Frage geklärt werden, ohne daß man sie dem Rabbiner als der höchsten jüdischen Instanz vorlegen mußte, um so besser. Mir machte das Spaß, und die Rabbiner hatten einiges Zutrauen zu mir, obschon ich erst fünfzehn war, als ich damit begann. Ich muß gestehen, daß ich keine Gelegenheit ausließ, für den Zionismus zu werben und tätig zu sein. So entschied ich beispielsweise in einem Streit um eine Mitgift, daß der Ehemann, bevor er um eine Scheidung einkommen könne, die Mitgift seiner Frau in Höhe von 700 Rubeln zurückerstatten müsse; zu ihr sagte ich: »Sechshundert Rubel dürfen Sie behalten, aber einhundert sollten Sie dem zionistischen Komitee geben.« Damit war sie gerne einverstanden.

Verhaftet und eingesperrt wurde ich, als ich damit beschäftigt war, den Streit zwischen zwei Rabbinern in einem Dorfe nahe Plonsk zu schlichten. Die Russen hatten davon erfahren und beschlossen, ein Exempel ausgerechnet an diesem Fall zu statuieren und zu zeigen, daß ihre Verwaltungsbefugnisse nicht ungestraft verletzt werden durften. Der örtliche Behördenleiter griff unerwartet ein und beschuldigte mich, das russische Gerichtswesen zu sabotieren. Die Polizei beschlagnahmte alle meine Papiere, und es wurde von Verschickung nach Sibirien geredet. Das hätte meine Palästinapläne auf Jahre hinaus verdorben, denn nach der Verschickung hätte ich auch noch jahrelang in der zaristischen Armee dienen müssen.

Ich war verzweifelt. Es gelang mir, mit dem Zionistischen Komitee in Warschau Verbindung aufzunehmen. Das Komitee trat sofort großherzig in Aktion, und tausend Rubel Bestechungsgelder bewirkten meine Freilassung und die Freigabe meiner Papiere. Einigermaßen erschüttert und benommen bestieg ich den Zug nach Odessa.

Während wir dort auf das Schiff nach Jaffa warteten, besuchten Zemach und ich den berühmten Zionistenführer Menahem Ussischkin, denn wir planten, junge Juden aus Osteuropa in größerer Zahl nach Palästina zu bringen. Der Besuch bei Ussischkin öffnete mir die Augen für die Gefahren des theoretischen Zionismus. Er war kalt und unverbindlich. Er sagte, die türkische Regierung wünsche keine Masseneinwanderung, und es sei auch erforderlich, Ärzte und Landwirte vorauszuschicken, um die Wege zu ebnen. Am meisten verdroß ihn, daß Zemach und ich einzuwandern beabsichtigten, ohne erst bei seinem Komitee um Erlaubnis zu fragen. Die Unterhaltung war recht kurz, und er rief uns nach: »Wollt ihr etwa an Malaria sterben?« Diese Begegnung hat mir eine lebenslange Abneigung gegen Menschen beigebracht, die reden, ohne zu handeln.

Wir reisten als Deckspassagiere auf einem russischen Frachter. Schmutz, schlechtes Essen und Unbequemlichkeit schreckten uns nicht ab, denn wir wußten: noch vierzehn Tage, und wir sind in Jaffa.

Pioniere

Jaffa war für den Neuankömmling eine bittere Enttäuschung. Die ganze Nacht hindurch hatten Zemach und ich an der Reling gestanden und auf die palästinensische Küste gestarrt, während wir langsam vom Libanon südwärts dampften. Ich konnte es nicht erwarten, den Boden der Heimat zu betreten. Als es dann aber soweit war, fand ich die Umstände bestürzend.

Heute ist diese kleine Stadt nur ein Fischereihafen, eine Vorstadt des modernen Tel Aviv (das es erst scit den zwanziger Jahren gibt). 1906 war Jaffa noch der Haupteingang nach Palästina für den, der vom Westen kam. Da das Land selber ein vergessener Erdenwinkel war, wirkte die Bescheidenheit dieses Zuganges durchaus passend. Immerhin fehlte es dem Städtchen nicht an Farbe, wenn es auch ärmlich und heruntergekommen war und nur eine einzige Hauptstraße besaß, in der sich Läden und Verkaufsstände aneinanderreihten. In den engen, gepflasterten Seitengassen drängten sich türkische, französische und englische Händler; armenische Krämer, arabische Hafenarbeiter, Fremdenführer und Bettler; vereinzelte katholische oder griechisch orthodoxe Mönche; Missionare vieler Bekenntnisse; etliche Juden, deren Vorfahren schon zu Zeiten König Sauls hier lebten. Hier hatte das Zionistenkomitee ein Büro, und andere jüdische Organisationen unterhielten Herbergen, in denen sie jüdische Einwanderer unterbrachten und überredeten, sich jener Gruppe oder Sache anzuschließen, für die sie eintraten.

Als ich von Bord ging, drängten sich zwei Männer zu uns durch. Der eine packte Zemach, der zweite stieß mich in eine andere Richtung. Gleich darauf stand ich in einer schmutzigen Herberge, und ein Dutzend junge Männer, die um eine Schnapsflasche saßen, redeten auf mich ein. Zwischen Schlucken aus der Flasche verbreiteten sie sich über Marxismus. Sie lehnten die Theorie des Historischen Materialismus rundheraus ab und verlangten meine Meinung darüber zu hören. Ich hatte anfangs einigermaßen verwirrt zugehört, doch jetzt fühlte ich Wut in mir aufsteigen. Da war ich nun hergekommen, um Eretz Israel zu bauen, und nach der langen Reise, dem Verzicht auf eine weitere Ausbildung, der Vernichtung der Hoffnungen meines Vaters, nachdem ich endlich im Lande meiner Vorfahren angekommen bin, was verlangt man da von mir? Daß ich mich über Marxismus äußere! Ich rief: »Zum Teufel mit eurem Historischen Materialismus! Ich bin nach Eretz Israel gekommen, und ihr redet hier von Theorien! Was seid ihr denn für Juden?« Und damit stürmte ich türenknallend hinaus. Sogleich wurde mir klar: Jaffa ist nicht der richtige Ort für dich. Nachdem ich Zemach aufgetrieben hatte, der sich von einer rivalisierenden Organisation losgerissen hatte, machten wir uns zu Fuß auf den Weg nach Petach Tikvah, der ältesten jüdischen landwirtschaftlichen Ansiedlung, die etwa drei Marschstunden nordwärts und etwas landeinwärts lag.

In Petach Tikvah (zu deutsch Tor der Hoffnung) angekommen, fühlte ich, daß ich endlich wirklich daheim war. Gegen Abend gelangten wir ans Tor und kauften aus unserer kleinen Geldreserve einige Lebensmittel. Dann legten wir uns auf einem Feld nahe der Straße zum Schlafen nieder.

In jener ersten Nacht in Palästina wollte der Schlaf nicht kommen. Ich dachte über alles nach, was geschehen war und sagte mir schließlich: Da bist du nun in einem hebräischen Dorf im Heiligen Land. An meinen Vater schrieb ich über jene Nacht:

»Alles war so wunderbar fremdartig wie in einem Märchen: Das Heulen der Schakale in den Weinbergen, das Schreien der Esel in den Ställen, der schwere Duft der Akazien, die Brandung des fernen Meeres, die Schatten der Orangenbäume in der hellen Nacht, die Sterne, die am dunkelblauen Himmel unwirklich glitzerten. Ich bedachte die Stadien unserer Reise, das Abschiednehmen, die Fahrt auf dem Dampfer und die Annäherung an die Küste Palästinas. Und nun bin ich in Eretz Israel. Ist es denn wirklich wahr? Die ganze Nacht hindurch saß ich vertieft in die Zwiesprache mit diesem neuen Himmel ...«

Der Himmel war wunderbar. Doch der steinige Boden wollte nichts hergeben. Aus Zemachs Briefen wußte ich, wie schwer es halten würde, Arbeit zu finden, aber jetzt begriff ich erst, daß es aller meiner Energien und all meines Einfallsreichtums bedürfen würde, auch nur zu überleben.

Die jüdischen Farmer, bei denen ich mich als Landarbeiter verdingen wollte, waren die Söhne von Pionieren. Das Vorbild, das ihre Väter in den siebziger und neunziger Jahren gegeben hatten, war meiner Generation ein Ansporn gewesen. Es waren dies die Männer der Ersten Alijah, der ›ersten Welle‹ der neuen Einwanderer. Wir gehörten zur Zweiten Alijah. Ich weiß noch, welchen Eindruck der Brief eines der Älteren auf mich machte, der in einem Memoirenbuch aus Pioniertagen abgedruckt ist, das ich heute noch besitze. Der Schreiber war ein Mann namens Ze'ev Dubnow, der 1882 auf einen Brief seines Bruders antwortete, Simeon Dubnow, ein bekannter russischer Historiker. Simeon, der ältere Bruder und das Oberhaupt der Familie, hatte verlangt, Ze'ev solle ›seine Narrenspossen‹ lassen und aufhören, sich als Landarbeiter in Palästina ›finden‹ zu wollen – diese Tätigkeit erschien Simeon als purer Wahnsinn. Der Bruder solle nach St. Petersburg zurückkommen, wo die Familie wohnte, und einen respektablen Beruf ausüben – als Hochschullehrer. Ze'ev erwiderte ihm:

»Glaubst du wirklich, lieber Bruder, ich sei einzig hergekommen, um mich selber zu ›finden‹? Und daß, falls ich mich ›finde‹, mein Ziel erreicht ist, falls aber nicht, ich nur Mitleid verdiene? Nein. Mein eigentliches Ziel ist, wie das so vieler anderer, groß, ja grenzenlos. Aber doch nicht unerreichbar. Das eigentliche Ziel ist, dieses Land Israel aufzubauen und den Juden jene politische Unabhängigkeit zurückzugeben, die man ihnen seit zweitausend Jahren vorenthalten hat. Lache nicht. Dies ist mein Traum. Erreicht werden kann dieses Ziel, indem man Siedlungen baut für Landarbeiter und Handwerker, durch die Errichtung und allmähliche Vergrößerung von Fabriken, kurzum,

indem man alle Land- und Industriearbeit von jüdischen Händen ausführen läßt.
Ferner wird man die jungen Leute und künftige Generationen im Gebrauch von Feuerwaffen unterrichten müssen (denn im wilden, unbewohnten Reich der Türken ist alles möglich) und danach, danach erst werde ich mich meinen Träumen überlassen. Danach erst wird jener herrliche Tag kommen, den Jesaja in seiner tröstlichen Botschaft verheißen hat. Die Juden, nötigenfalls mit der Waffe in der Hand, werden laut verkünden, daß sie die Herren ihres altangestammten Landes sind. Was macht es, daß dieser Freudentag erst in fünfzig oder noch mehr Jahren kommen wird? Was sind fünfzig Jahre angesichts eines solchen Vorhabens?«
So also sprach die Erste Alijah und erweckte die Hoffnungen der Zweiten. In Palästina hatten die Dinge sich allerdings geändert. Die alten Pioniere, die ersten modernen Erbauer von Zion, die auch schwerste Arbeit und größte Entbehrungen von ihrem Ideal nicht abbringen konnten, waren fast alle gestorben. Ich fürchte, die Söhne und Erben des Landes und der gesammelten Erfahrungen machten nicht im gleichen Geiste weiter. Die Abkömmlinge von Männern wie Ze'ev Dubnow meinten, sie hätten schon genug getan, wenn sie sich von ihrem eigenen Lande ernährten. Überdies wurden sie von Neuankömmlingen, wie ich einer war, mit ihren schäbigen Kleidern, dem langen Haar und dem Gerede von Sozialismus, kollektiven Einrichtungen und Gemeineigentum abgeschreckt. Wir redeten viel, doch die, die uns Arbeit geben sollten, schätzten unsere Fähigkeit als Landarbeiter, unsere Ausdauer bei magerer Kost, unbarmherziger Hitze und Malaria auf ausgedörrtem unergiebigem Boden nicht hoch ein. Wir

verschreckten sie mit unseren Theorien, und sie ärgerten sich darüber, daß wir von der Landwirtschaft nichts verstanden. Sie kehrten uns den Rücken und nahmen lieber arabische Landarbeiter, die tüchtiger waren, weniger Geld verlangten und, dies war das entscheidende, sich ihren Arbeitgebern nicht gesellschaftlich ebenbürtig glaubten. In Petach Tikvah habe ich buchstäblich gehungert. Ich sah damals klein und schwächlich aus, hatte also keine guten Aussichten, Arbeit zu finden. Täglich kamen Hunderte von Arabern zur Arbeit in die Weingärten und auf die Äcker. Die jungen Juden versammelten sich nahe der Synagoge und hofften, dort die Aufmerksamkeit der Farmer zu erregen. Kam wirklich ein Farmer vorbei, dann befühlte er die Armmuskeln des Arbeitswilligen, um zu sehen, ob dieser kräftig genug sei für die gewünschte Arbeit. Da meine Arme damals noch zur Spielart der Röhrenarme gehörten – sie nahmen dann rasch an Umfang zu, als ich im Jahr darauf Pionier wurde –, gingen sie meist ohne mich eines Blickes zu würdigen an mir vorüber. Zehn Tage mußte ich auf meine erste Arbeit warten, und dann durfte ich Dung in die Orangenhaine karren. Dafür bekam ich den Gegenwert von zweieinhalb Pennies täglich, was damals zwar mehr war als heute, aber nur für das schlichteste Essen reichte. Da das Leben in Petach Tikvah keine Aussichten bot, wanderte ich von einer Siedlung zur nächsten, meine Kleider in Fetzen und ich selber vom Hunger bis zum Umfallen geschwächt. Einige Wochen blieb ich auf dem Plateau von Kfar Saba, danach pflanzte ich Reben in den Weingärten von Rischon-Le-Zion, schaufelte Dünger um, hob Bewässerungsgräben aus, pflügte, schleppte endlose Mengen von Steinen weg,

die jeden Versuch, dieses Land zu kultivieren, behinderten. Dann, plötzlich und ohne jeden Übergang, wich die kochende Hitze kaltem Nieselregen, der den Winter ankündigte. Der Boden wurde matschig. Meine Kleidung war nun ebenso unzulänglich wie meine Ernährung. Schon bekam ich Malaria.
Die Anfälle kamen alle zehn Tage, und während ich sie hatte, konnte ich mich nicht rühren, von arbeiten nicht zu reden. Das Fieber stieg bis auf 42 Grad, und ich war oft im Delirium. Die Anfälle dauerten etwa vier Tage, dann ging das Fieber zurück, und ich war total geschwächt. Ich nahm diesen Verlauf jedoch mit philosophischer Gelassenheit hin, da ich bald wußte, wann die Krankheit zu erwarten war. Einmal, als ich einen Anfall kommen fühlte, war ich gerade arbeitslos und hatte den letzten Pfennig für eine große Pita ausgegeben, einen Laib ungesäuerten arabischen Brotes. Ich knusperte nur daran herum, weil es den ganzen Tag reichen sollte. Ich war aber doch hungriger als ich angenommen hatte, und nachmittags um drei waren nur noch ein paar Krümel übrig. ›Na‹, dachte ich, ›das macht auch nichts, bis heute abend werde ich nicht wieder hungrig, und danach kann ich ja dann schlafen.‹ Doch als ich mich zum Schlafen legte, hatte ich plötzlich eine Vision von Hühnchen am Spieß, die appetitlich brutzelten und deren Fett auf mächtige Brotlaibe tropfte. Das war schlimm. Einerseits plagte mich die Malaria, andererseits konnte ich nicht einschlafen, weil der Anblick dieser Brathühner, die ich nicht pakken konnte, mich fürchterlich quälte.
Ein von Bekannten herbeizitierter Arzt, der mich während einer meiner Malariaanfälle behandelte, meinte, ich würde die Krankheit nicht mehr loswer-

den, und wenn ich in Palästina bliebe, sei mir ein baldiger Tod gewiß. Ich sollte so rasch als möglich zurück nach Europa. Meine wohlmeinenden Freunde hielten mir vor, daß dies doch wirklich keine Schande sei. Ein gut Teil der damals ins Land kommenden Einwanderer werfe einen einzigen Blick in die Gegend und mache auf der Stelle kehrt. Ich könnte mich bereits jetzt als Veteranen bezeichnen.

Selbstverständlich hörte ich nicht darauf. Ich nahm mir vor, mich weder von Krankheit noch von Hunger hindern zu lassen, den Weg zu gehen, den ich eingeschlagen hatte. Meinem Vater schrieb ich: »Ins alte Leben führt kein Weg zurück. Zionismus ist Kampf, und mit jenen, die vom Schlachtfeld fliehen, weil die Verhältnisse ihnen hier nicht zusagen, kann man bloß Mitleid haben.« Einer dieser Heimkehrer nach Plonsk muß meinem Vater wohl Bericht erstattet haben, denn er bat mich brieflich, heimzukommen und legte zehn Rubel bei. Ich schickte ihm das Geld zurück mit den Worten: »Du weißt sehr gut, daß ich dieses Land nie mehr verlassen werde.«

Hätte ich damals das Geld meines Vaters behalten, ich hätte in meinen Augen Verrat geübt an den Absichten, die meiner Einwanderung zugrundelagen. Ich würde wohl auch heute noch das gleiche empfinden, obschon es doch heißt, daß man mit dem Alter milder wird. Man kann mir selbstverständlich Starrköpfigkeit vorwerfen, und meine Freunde haben das auch immer wieder getan. Doch als ich damals aus Polen wegging, glaubte ich an etwas, an das ich auch heute noch glaube, nämlich: alles, was wir in Palästina haben wollen, müssen wir selbst schaffen. Ich wußte, daß die Geschichte uns das Recht gibt, dieses Land das unsere zu nennen, doch ich wußte ebenfalls, daß es in Wahrheit nur dann das unsere sein könnte, wenn wir es uns im Schweiß unseres Angesichtes aneigneten. Die Hilfe meines Vaters anzunehmen, so willkommen sie mir auch war, hätte dem Auftrag widersprochen, dem ich mich hier verpflichtet fühlte.

Zum Glück wurde die Malaria mit dem Frühjahr weniger schlimm. Vielleicht hatte auch mein Wille den Sieg über den Körper davongetragen, nachdem ich den Arzt hatte sagen hören, entweder nach Hause oder sterben. Vermutlich war es eine psychische Immunisierung. Wie dem auch sei, eines Tages wanderte ich zu dem höher gelegenen Teil von Rischon-Le-Zion hinauf, wo die Kolonisten das fünfundzwanzigjährige Bestehen der Siedlung feierten. Ich hatte noch vierzig Grad Fieber, wollte aber an diesem Gedenktag nicht fehlen. Wir tranken Wein und tanzten, und plötzlich fühlte ich mich gesund. Danach kamen die Anfälle nicht mehr so stark wieder, und als ich wenige Monate später mit einer Gruppe junger Leute in die Berge von Galiläa zog, verschwanden sie beinahe ganz.

Ursprünglich hatte ich beschlossen, in Eretz Israel nur hebräisch zu sprechen, doch war das leider unmöglich, weil die meisten Einwanderer nur die Sprachen des Exils verstanden: Jiddisch, Ladino und dazu sämtliche europäische Landessprachen. Ich war der Poalei Zion beigetreten, der zionistischen Arbeiterpartei, und trat bei allen Versammlungen nachdrücklich dafür ein, daß die Partei hebräisch zu ihrer offiziellen Sprache machen solle. Kurz vor meinem Abgang nach Galiläa forderte man mich auf, zu Neueinwanderern aus Europa zu sprechen, und als ich das auf hebräisch tat, bemerkte ich, daß man mich gar nicht verstand. Schon erhoben sich die Leute und verließen den Raum. Ich lehnte jeden Kompromiß ab und sprach weiter hebräisch, bis mir schließlich nur noch drei oder vier Leute zuhörten. Einer davon war Jizchak Ben Zwi, später Staatspräsident von Israel. Damals begann meine lebenslange Freundschaft und politische Zusammenarbeit mit diesem schlanken, zarten, meist bekümmert und sehr gelehrt dreinschauenden Manne. Dieses Äußere verbirgt eine unzerstörbare Zähigkeit. Ben Zwi war damals zwar erst zwanzig, aber doch schon ein erfahrener Kämpfer. Er hatte die Selbstverteidigung russischer Juden gegen Pogrome organisiert.

Ben Zwi und ich beschlossen schon sehr bald, uns von der Küstenebene weg und nach Galiläa hinzubegeben, das so gut wie unbesiedelt war, und wo nichts uns hindern würde, unserem Ideal folgend mit anderen zu siedeln, die ebenfalls hebräisch sprachen, oder doch bereit waren, es zu erlernen, Leuten, die zu unserer eigenen Generation gehörten. Im unteren Galiläa gesellten wir uns zu einer Gruppe von Pionieren. Zemach war nicht mehr dabei. Er war in den Norden gegangen und dort geblieben. Wir korrespondierten noch miteinander, und trotz politischer Meinungsverschiedenheiten sind wir befreundet geblieben.

Nun, bei wiederhergestellter Gesundheit, umgeben von Gleichaltrigen, die ähnlich dachten wie ich, und mit wirklicher Farmarbeit beschäftigt, meinte ich, endlich das Leben zu führen, von dem ich geträumt hatte. Ich wurde Pflüger, und meinen Pflug zogen zwei Ochsen. Die Arbeit war schwer, Essen und Unterbringung waren notdürftig, und doch genoß ich jede Minute.

Meine Gruppe tat, was wir ›Eroberung durch Arbeit‹ nannten. Wir bearbeiteten gemeinsam ein Stück Land, das Juden entweder selber oder durch den Jüdischen Nationalfond oder die Jewish Colonization Association (ICA) erworben hatten. Dieses Land bereiteten wir so vor, daß es von nachfolgenden Siedlern bestellt werden konnte. Danach machten wir uns anderswo an die Arbeit, in einem Sumpfland vielleicht oder an einem steinübersäten Berghang. Der Gedanke dabei war, daß wir, die das Land urbar machten, als permanente Pioniere überall im Lande den jüdischen Siedlern den Boden bereiten sollten. Wir selber sahen uns damals keineswegs als Siedler, vielmehr meinten wir, es sei unsere Aufgabe, vielen Juden die Möglichkeit zur Ansiedlung zu verschaffen, damit sie nicht von der Gnade und Barmherzigkeit der etablierten, unwilligen Farmer abhingen. Die Pioniere, denen ich beitrat, hatten ihr Hauptquartier in der Siedlung Sedschera und waren das erste ›Eroberung durch Arbeit‹-Kollektiv, das sich dieser Urbarmachung widmete.

1909 beschloß eine ebensolche Gruppe, sich im Jordantal auf einem Gelände niederzulassen, das sie urbar gemacht hatte und dort eine Kollektivfarm zu betreiben. So entstand der Kibbuz Degeniah, das erste Exemplar dieser neuartigen sozioökonomischen Organisation, in der alle Mitglieder gleichrangig sind, einerlei welche Funktion sie haben, und wo allen das Land und sein Ertrag zu gleichen Teilen gehören.

Diese Schilderung ist allerdings eine unzulässige Vereinfachung der Geschichte von Degeniah. Innerhalb der Pioniergruppe gingen heftige Diskussionen dem Entschluß zu siedeln voran. Josef Bussel, ein führendes Gründermitglied, hatte vorgeschlagen, nach der

Trockenlegung eines malariaverseuchten Sumpfgeländes dortzubleiben und zu siedeln. Er meinte, auch eine Dauerbesiedlung sei als ›Eroberung durch Arbeit‹ anzusehen, man müsse nicht unentwegt weiterwandern. Manche seiner Kameraden waren entsetzt, denn als permanente Siedler würden sie doch notgedrungen Unternehmer werden, ein Wort, das in ihrer Vorstellung untrennbar mit Materialismus und Ausbeutung verbunden war. Siedeln sei nicht mehr mit dem Ideal des Pioniers zu vereinbaren, meinten sie. Bussel entgegnete, dies sei Unsinn. Sie brauchten doch nicht Plantagenbesitzer zu werden, arabische Arbeitskräfte auszubeuten und nur noch den Profit einzustreichen, vielmehr wolle man ganz wie bisher im Kollektiv leben. Alle Beteiligten würden arbeiten wie bisher, und das Land sollte allen gemeinsam gehören. Die Mehrheit fand Gefallen an Bussels Idee, und so entstand denn die erste ländliche Kommune, auf hebräisch Kibbuz.

Ich glaube, die Pioniere von Degeniah wußten nicht, daß sie da etwas Einzigartiges schufen, daß andere ihrem Beispiel folgen und daß der Kibbuz zu einer der wichtigsten Institutionen des Landes werden würde. Heute sind viele unserer bedeutendsten Leute Kibbuzniks, so die Mehrheit unserer Offiziere, die einzig nach Leistung und Führerqualitäten ausgesucht werden. Obwohl die Kibbuzim insgesamt nur ein kleiner Teil unseres Landes sind, ist ihr Beitrag zur Wirtschaft enorm und steht in keinem Verhältnis zu ihrer Größe. Hier kommt Israels Agrarproduktion in der Hauptsache her. Nebenher sind im Kibbuz sehr wichtige kontroverse soziale Praktiken erprobt worden. So werden beispielsweise die Kinder im Kollektiv aufgezogen, getrennt von den Eltern, die sie aber doch, anders als andere Kinder, täglich zwei bis drei Stunden ganz intensiv und ungestört für sich haben. Man darf ohne zu übertreiben sagen, daß die Kibbuzim ein soziales Experiment sind, von dem die Menschen überall in der Welt lernen können. Außerdem bieten sie derzeit der Welt das einzige Beispiel einer demokratischen Form des Sozialismus; hier verbinden sich die fortschrittlichsten ökonomischen Arbeitsweisen mit der Achtung vor dem Individuum und vor der Menschenwürde, wie das nirgendwo anders geschieht.

Niemand konnte vorhersehen, daß die bescheidene Siedlung Degeniah am Ufer des Jordan einen solchen Einfluß auf die Wertvorstellung der Juden und der Weltbevölkerung haben würde. Auch wir selber haben erst viel später begriffen, welcher Segen in diesem Saatkorn verborgen war. Es kann wohl sein, daß wir auch heute erst einen Bruchteil des schließlichen Ertrages wahrnehmen. Um unser aller Wohl willen hoffe ich das.

Meine Gruppe arbeitete zwei weitere Jahre in Sedschera und Umgebung. Obschon die meisten von uns nicht gewohnt waren, mit der Hand zu arbeiten, war es weniger die Arbeit, die uns zu schaffen machte, als die Sorge und der Mangel an Schlaf. Bei Nacht mußten wir uns vor streunenden Arabern schützen. Wir bildeten ein isoliertes Gemeinwesen inmitten nomadischer Beduinen. Diese beabsichtigten weder, uns etwas anzutun noch uns zu vertreiben, sie wollten einfach nur stehlen. Sie setzten den arabischen Siedlungen ebenso zu wie uns. Dort stellte man zirkassische Wächter an, die Leben und Besitz bewachten, doch wir in Sedschera wollten uns selber verteidigen, weil wir ja in erster Linie unabhängig bleiben wollten. Alles andere wäre eine Verleugnung unserer Autonomie gewesen, die Hinopferung unserer Freiheit.

Juden drängten sich nicht danach, Waffen zu tragen. Als Volk haben wir einen angeborenen Abscheu vor Gewalttätigkeit. In den Jahrhunderten des Exils haben wir oft das Martyrium erlitten, und zwar meist ohne zurückzuschlagen, unter Selbstverleugnung. Unsere Waffe war der Intellekt, die Kunst, jemanden zur Vernunft zu bringen oder zu überreden. Dieser Intellekt war durch langes Studium der endlosen Feinheiten des Talmud geschärft, dieses Gebäudes, das während der Zerstreuung errichtet wurde, um das noch imponierendere Gebäude der Bibel zu kommentieren und zu erläutern. Zur Waffe zu greifen, kam den Juden abnorm vor. Mit dem von in der Diaspora lebenden Juden gesammelten Geld Land kaufen, war gut und schön, und nichts konnte verlockender sein, als den Rest des Lebens daran zu wenden, dem Pionierideal getreu solches Land urbar zu machen. Daß Juden aber mit der Waffe verteidigen sollten, was sie gesät hatten, das erschien sogar uns anfangs als ausgefallen.

Immerhin begriffen wir, daß es in Galiläa – und das gilt heute für ganz Israel, wenn es überleben soll, und das wird es – Normalität im herkömmlichen Wortsinn nicht gab. Wir wollten ein neues Leben leben in Übereinstimmung mit den ältesten Traditionen, und das ging nicht ohne Kampf. Zu diesem Zweck mußten wir alles von Anbeginn noch einmal erschaffen, mußten die menschliche Gesellschaft neu erfinden. Wir waren also bereit, im Namen der Autonomie, der Selbstbestimmung und der Selbstverteidigung unsere Hände mit Blut zu beflecken.

Selbstverständlich wollten wir nur kämpfen, wenn wir angegriffen wurden. Aber in jenen wilden Gegenden war der Angriff unvermeidlich. Dort oben in Galiläa herrschte totale Anarchie. Arabische Horden führten endlose Kleinkriege miteinander, ebenso die Nomaden und die Dorfbewohner. Die Siedlungen konnten sich jedenfalls nicht auf den Schutz der türkischen Regierung verlassen, denn diese kümmerte sich offensichtlich um gar nichts mehr außer um die Eintreibung der Steuern, und selbst darin waren die Regierungsbeauftragten nicht besonders tüchtig. Die Zirkassen waren gute Wächter, doch aus den schon angeführten Gründen organisierten wir unsere Verteidigung selber und nannten sie Haschomer, die Wächter. Wie aus einer Gruppe ungelernter Landwirte mit uralten Feuerwaffen im Laufe vieler Abenteuer und trotz zahlloser Mißgeschicke und Schicksalsschläge die israelische Armee geworden ist, das ist eine faszinierende Geschichte, auf die ich in einem anderen Kapitel kommen möchte. Hier will ich nur sagen, daß wir jede Minute äußerste Wachsamkeit zeigen mußten, wobei wir uns wohl bewußt waren, wie wenig Übung wir im Umgang mit unseren Waffen hatten. Jeder von uns hatte nachts seine Wache zu stehen, und bei Tage mußten wir allesamt an die Arbeit. Lange Zeit geschah nichts. Gelegentlich feuerte ein Wächter, den seine Einbildung übermannte, in die Dunkelheit, und weil die Beduinen merkten, daß wir auf der Hut waren, hielten sie sich fern. Eines Tages jedoch wurden drei unserer Leute, die von einem kurzen Ausflug zur Küste zurückkamen, von arabischen Nomaden überfallen. Es kam zu einem ungezielten Schußwechsel, der wohl mehr der Abschreckung der Gegenpartei dienen sollte, doch wurde einer unserer Jungen getroffen, und nun begann ein Gefecht, in dessen Verlauf ein Araber schwer verwundet wurde. Unsere Leute kamen nach Sedschera zurück, wo der Leichtverwundete behandelt wurde. Falls der verwundete Araber starb, mußten wir damit rechnen, daß Nomaden und Dörfler sich, dem alten Gesetz Auge um Auge, Zahn um Zahn folgend, zu einem Rachefeldzug zusammenfanden. Allerdings hieß es in Galiläa zwei Augen für eines, und der Rachefeldzug würde mindestens eine ganze Woche währen mit dem Ziel der Zerstörung alles dessen, was wir da erschaffen hatten. Der Verwundete starb wirklich. Wir merkten es daran, daß uns Schafe gestohlen wurden. Dann tauchten bewaffnete Reiter in der Siedlung und auf unseren Feldern auf. Wir verdreifachten unsere Wachen und erwarteten den Angriff.

Erstes Opfer dieser üblen Situation wurde ein Neuankömmling, Israel Korngold. Er war gerade erst zu uns gestoßen und ging das erstemal auf Wache. Er verließ das Wachlokal um zwei Uhr nachmittags mit umgehängtem Gewehr, es knallte zweimal, wir liefen hinaus, doch war es schon zu spät. Er lag tot auf der Straße, und sein Gewehr war weg. Am gleichen Tage töteten die Araber einen jüdischen Tischler namens Schimon Melamed. Nun wurde mir klar, welch weitreichende Folgen solche kleinen Scharmützel haben mußten. Früher oder später würden Juden und Araber um dieses Land kämpfen – eine Tragödie, denn mit Klugheit und etwas gutem Willen hätte sich das vermeiden lassen. Doch gegenüber den starken Traditionen und dem Blutkodex des Ostens würden sich alle Intelligenz und aller gute Wille als wirkungslos erweisen, das wußte ich.

Trotz der ständigen Gefahr, der Spannung bei Nacht und der schweren Arbeit bei Tag, fühlte ich mich ganz wohl. Rückblickend scheint mir das die glücklichste Zeit meines Lebens, denn ich glaubte, daß alles, was ich tat, sinnvoll war, daß es zum Entstehen unseres neuen Landes beitrug. Erst seit ich vor fünfzehn Jahren hierher in den Negev gekommen bin, wieder als Pionier lebe, in der Atmosphäre der Kameradschaft, die für mich das Wesen des Pioniergeistes bedeutet, fühle ich mich wieder so gut und ruhig wie damals.
Es fiel mir darum schwer, Galiläa zu verlassen und nach Jerusalem zu übersiedeln, doch meine politischen Freunde drängten mich, bei der Herausgabe eines Monatsheftes der zionistischen Arbeiterbewegung mitzumachen. Ich hatte an den Konferenzen und Diskussionen teilgenommen und auch Beiträge für die Zeitschrift geschrieben, die allerdings ganz unregelmäßig erschien. Als die Herausgabe eines regelmäßig erscheinenden Monatsheftes beschlossen wurde, wollte man Ben Zwi und mich zu Herausgebern machen. Anfangs sträubte ich mich, denn ich hatte mich ganz in das Pionierdasein geworfen, und der Gedanke, das Leben an der frischen Luft und die engen Freundschaften mit einer Schreibtischarbeit und allem damit verbundenen Ärger zu tauschen, sagte mir überhaupt nicht zu. Doch wenn ich in meinen freien Stunden mit Pionieren von anderen Siedlungen zusammengekommen war und bei gelegentlichen Versammlungen auch mit Freunden aus anderen Landesteilen, hatte sich mir mehr und mehr der Eindruck aufgedrängt, daß wir durch einen Mangel an innerem Zusammenhalt um die Früchte unserer Mühen gebracht wurden. Ohne eine ausreichende Organisation würde es uns nie gelingen, genügend Ar-

beitsplätze und zumutbare Arbeitsbedingungen für einwandernde Juden zu schaffen. Erst wenn wir das erreicht haben würden, wenn wir imstande wären, eine Verbesserung der Arbeitsbedingungen zu verlangen, würden wir auf die Unterstützung aller Juden rechnen dürfen, was wiederum die Voraussetzung dafür war, sich mit den türkischen Behörden über Fragen der Besiedelung und die Fixierung der Rechtsstellung sämtlicher in Palästina ansässiger Juden zu verständigen.

1910 erklärte ich mich etwas zögernd bereit, fortan als Journalist zu arbeiten. Dazu beigetragen hat vielleicht, daß das Zentrum des Zionismus von Jaffa nach Jerusalem gewandert war, was in symbolischer Weise unterstrich, wie nahe wir uns dieser Stadt fühlten, die seit je unsere Hauptstadt war und auch wieder werden sollte. Ich meldete mich in der Zentrale der zionistischen Arbeiterpartei in Jerusalem und schrieb fortan Leitartikel in ihrer hebräischen Zeitschrift *Achduth* (Einheit).

Um diese Zeit legte ich mir einen *nom de plume* zu, eine hebräische Fassung meines Namens, die ich seither benutze. Die Hebräisierung unserer Namen bedeutete den Angehörigen meiner Generation ein Mittel, Anhänglichkeit an unser Land und Verbundenheit mit den Vorfahren auszudrücken. Wir gaben damit zu verstehen, daß es unsere Absicht war, dort weiterzumachen, wo sie hatten aufhören müssen. Aus David Grün wurde also David Ben Gurion, zu Ehren eines jüdischen Helden gleichen Namens, der bei der Verteidigung Jerusalems gegen die römischen Legionen im Jahre 70 gefallen war. Von diesem Jahr datiert unser Exil. Die Römer nahmen die Stadt nach 36 Monaten der Blockade ein, brannten sie nieder, und der große Tempel, den Esra wiederaufgebaut hatte, verschwand in den Flammen, ausgenommen die berühmte Westmauer, die bei den in alle Welt zerstreuten Juden als ›Klagemauer‹ bekannt wurde.

In Jerusalem hatte ich alle Hände voll zu tun. *Achduth* erschien schon bald wöchentlich, und ich beteiligte mich an den organisatorischen Arbeiten der Partei, die drei Ziele zu erreichen strebte: Die Errichtung einer Gewerkschaft, die Vereinigung der jüdischen Bevölkerung Palästinas, und in ferner Zukunft die Autonomie der Juden innerhalb des ottomanischen Reiches. Mehr als einmal bereute ich, vom Lande in die Stadt gekommen zu sein. Jeder Schritt wurde uns schwer gemacht, nicht einmal unser Vorschlag, Hebräisch zur offiziellen Sprache aller Mitglieder zu erklären, wurde angenommen. Viele Mitglieder verlangten, daß jiddisch die Muttersprache der palästinensischen Juden sein müsse, oder deutsch, als eine ›zivilisierte‹, international anerkannte Methode der Verständigung. Jerusalem selber, heute von der Architektur her eine der bemerkenswertesten Städte der Welt, war damals eine jämmerliche Ortschaft, bedrückender noch als Jaffa, ein ausgedehnter Slum, bewohnt von den Armen aller Nationen, ein wahrer Turm zu Babel. Der Winter war schlimm, Regen fiel, und von den Bergen strich eisiger Wind durch die grob gepflasterten Straßen, die nirgendwo auf gleicher Höhe verliefen, sondern sich endlos die Hänge hinauf und hinunter wanden, an die die Stadt sich mühsam klammerte. Manchmal zweifelte ich daran, daß unser Tun irgendeine Wirkung haben könne. Die Versammlungen, Diskussionen, Konferenzen, das Schreiben, Planen und Projektieren, das we-

der zu enden noch voranzugehen schien, deprimierte mich. Verglichen mit der Trockenlegung von Sümpfen in Galiläa kam mir der Journalismus genauso aussichtslos vor wie das unermüdliche Antichambrieren wohlgekleideter Zionisten in den Ministerien von Westeuropa.
Immerhin war mir klar, daß die echten Erbauer von Eretz Israel nur von jemandem vertreten werden konnten, der Worte ohne Taten verachtete, der politische Luftschlösser ebenso verabscheute wie sektiererische Intrigen, jemand, der selber Pionier gewesen war. Ganz gewiß wäre ich mit der schlichten, wenn auch harten Existenz des Landarbeiters zufrieden gewesen. Und mit Erleichterung bin ich nach mehr als einem halben Jahrhundert der Politik zu eben diesem Dasein zurückgekehrt. Immerhin glaubte ich mich verpflichtet, das Ideal des aktiven Zionismus in Palästina zu vertreten, wo ein umfangreiches politisches und Bildungsprogramm zu absolvieren war, wenn wir wirklich etwas zustande bringen wollten, woran die Welt das jüdische Ideal erkennen könnte, wie es sich in seiner vorteilhaftesten Form darbot, nämlich in der des Pioniers in Israel.
Wenn ich auf mein langes Leben zurückblicke, finde ich, daß es gut verlaufen ist. Ich bin dankbar dafür, daß ich einer Sache habe dienen dürfen, der ich mich vom ersten Tage an verschrieben habe und die ich zur Reife herangedeihen sah. Und ich bin dankbar dafür, daß mir ein so vielseitiges und zutiefst befriedigendes Leben vergönnt gewesen ist.

Humanisten und Krieger

(David Ben Gurion hat bei der Aufstellung des Haschomer mitgewirkt, der Selbstschutzorganisation der Pioniere. Später, unter der britischen Mandatsregierung, als Führer der Histadrut, der Gewerkschaft der Arbeiter Palästinas, sorgte er dafür, daß aus dem Haschomer die über das gesamte Land verteilte geheime Armee, die Haganah, wurde, wörtlich ›Verteidigung‹. Die Haganah sollte die Siedlungen der Juden vor den zunehmenden Übergriffen der Araber schützen, die von Amin el Husseini aufgeputscht wurden, dem fanatischen Mufti von Jerusalem, der den gesamten Nahen Osten in ein Kaliphat verwandeln wollte. Im Zweiten Weltkrieg kämpften 30 000 Männer und Frauen der Haganah auf seiten der Engländer. Gegen Ende der Mandatsregierung wurden mit Hilfe der Haganah illegale Einwanderer durch die englische Blockade nach Palästina eingeschleust. Die Haganah wurde schließlich die Keimzelle der heutigen israelischen Streitkräfte.

Wer heute in den israelischen Streitkräften gedient hat, ist ein Israeli ganz eigener Art, der sich auffallend von den älteren Siedlern und Bürgern unterscheidet.

Ihn verbindet nichts mehr mit der jüdischen Vergangenheit, soweit diese durch die Zerstreuung gekennzeichnet ist, er fühlt sich dem jüdischen Volk aus biblischen Zeiten sehr viel näher. Ebenso wie die Kibbuzim – die eng mit dem Militär zusammenarbeiten – haben die Streitkräfte einen besonderen Typ geschaffen. Die Menschen, die aus der einen oder der anderen dieser Institutionen hervorgegangen sind, einerlei ob im Lande geboren oder neu zugewandert, verleihen der neuen Nation einen ganz eigenen bodenständigen Charakter. Auch als Ministerpräsident hat Ben Gurion sich immer intensiv um die Streitkräfte gekümmert, und niemand ist besser imstande als er, über die Streitkräfte als eine nationale Institution zu sprechen und zu erläutern, welche hervorragende Rolle sie beim Zusammenschweißen der jungen Generation zu einem einheitlichen Ganzen gespielt haben.)

Ein ausländischer Besucher erzählte mir einmal eine Anekdote, die in seinem Lande die Runde machte. Zwei israelische Minister unterhalten sich über den Staatshaushalt. Der eine sagt: »Wir müssen Amerika den Krieg erklären!« Auf den fragenden Blick seines Kollegen sagt er: »Nach unserer Niederlage werden die Amerikaner Milliarden für unseren Wiederaufbau ausgeben. Denken Sie nur an Japan und Deutschland.« »Was aber, wenn wir gewinnen?« fragt der andere.
Das ist natürlich keine sehr ernsthafte Beurteilung des phänomenalen Erfolges unserer Streitkräfte bei ihren Auseinandersetzungen mit dem Feind. Hier wird aber angedeutet, daß Israels Unabhängigkeit und die Tatsache, daß es überhaupt noch auf der Landkarte ist, im Zusammenhang gesehen werden muß mit seiner

bislang erfolgreichsten nationalen Einrichtung, den Israelischen Verteidigungsstreitkräften (Israel Defence Forces). Rückblickend darf ich wohl sagen, daß ich eine Rolle beim Entstehen dieser besonderen und in vieler Hinsicht einzigartig israelischen Einrichtung gespielt habe.

Alles, was das Militärische betrifft, hat mich so lange Zeit hindurch so stark beansprucht, daß ich zunächst einmal das Konzept darlegen möchte, das hinter den IDF steht, und was die IDF heute bedeuten.

Krieg und militärische Einrichtungen um ihrer selbst willen sind uns zuwider. Trotzdem betrachtet die Nation die IDF mit tiefem Stolz. Beim Verschmelzen unserer mannigfachen Völkerschaften zu einem einzigen Volk in wenigen Jahren haben die Streitkräfte den Hauptanteil gehabt. Auch wenn wir heute die Waffen niederlegten – und wir würden es nur allzugerne tun! –, wenn wir mit unseren Nachbarn in Frieden leben könnten, wir könnten nicht auf die IDF verzichten, eben weil sie in unserer Entwicklung zur Nation eine so bedeutende Rolle spielen, und zwar nicht mit Kanonen, sondern mit Planierraupen und anderen Hilfsmitteln der modernen Technik.

Mit anderen Worten: die allgemeine Dienstpflicht hat sich für Israel als ein wahrer Segen erwiesen. Daß die allgemeine Dienstpflicht notgedrungen die Form des Militärdienstes annehmen mußte, ist zutiefst bedauerlich, das meinen wir alle. Doch anders hätten wir nicht überleben können.

Jeder denkende Mensch im Lande beklagt den paradoxen Sachverhalt, daß die positivste Einrichtung des jüdischen Staates zum Instrument der Vernichtung werden mußte. Ich habe schon früher gesagt, daß dem jüdischen Charakter alles Gewalttätige, dieses Abdanken der Vernunft zugunsten der rohen Gewalt, zuwider ist. Daß wir Waffen tragen müssen, steht ganz im Gegensatz zu den Vorschriften der Bibel, die bestimmen, daß das Individuum frei sein, der Nächste geliebt werden soll, daß Töten sündhaft ist und Schwerter zu Pflugscharen umgeschmiedet werden müssen, wie der Prophet Jesaja von uns verlangte. Es steht auch ganz im Widerspruch zu der Auffassung, die wir von uns selber als Kultivatoren eines wüsten, leeren, vernachlässigten Teiles der Erde haben. Es macht uns also wirklich nicht den geringsten Spaß, die drückenden Lasten der militärischen Verteidigung auf uns zu nehmen. Doch sind wir weder jetzt noch in biblischen Zeiten von dieser Last jemals frei gewesen. Wie unsere Vorfahren haben auch wir die Doppelrolle des Humanisten und des Kriegers übernehmen müssen. Daß unsere Vorfahren sich leidenschaftlich und geschickt verteidigen konnten, haben sie in ihrem letzten Krieg gegen die Römer bewiesen, deren Ansturm sie vom Jahre 66 bis zum Jahre 73 standhielten. Sieben Jahre haben sie der gesamten römischen Armee widerstanden! Allein Jerusalem wurde drei Jahre lang belagert, und während dieser Zeit kam kein Krümel Brot in die Stadt. Es scheint mir bezeichnend, daß man noch heute, und trotz des Triumphes, der nach dem Fall Jerusalems in Rom gefeiert wurde, glaubt, es brächte Unglück, unter dem Titusbogen hindurchzugehen, den der Kaiser Domitian zum Andenken an die Einnahme Jerusalems auf dem Forum Romanum errichten ließ. Der römische Eroberungszug endete im Jahre 73 mit der Einnahme von Masada auf einem Hochplateau des Negev, einer alten Festung des Herodes, die wir ausgegraben und wiederhergestellt haben. Alle Einwohner zogen damals den Freitod der römischen Sklaverei vor. Masada ist für die Juden, was die Thermopylen für die Griechen sind.

Ein Blick auf die Karte zeigt, warum es gerade hier dauernd zu Kriegen gekommen ist. Dieses verhältnismäßig kleine Land bildet den Schnittpunkt der Zugänge zu drei Kontinenten, und daher wirkt sich hier der Druck der Weltpolitik aus. In Wahrheit sind für das Anhalten der derzeitigen Spannungen die Ölinteressen, der sowjetische Drang in den Nahen Osten, die Interessen der USA, Englands und Frankreichs weit mehr verantwortlich als der sogenannte arabische Nationalismus, der im Grunde nur einen Vorwand bildet. Wollten die Großmächte wirklich den Frieden, es gäbe keinen israelisch-arabischen Konflikt.

Das wird sehr deutlich, wenn man betrachtet, welche Wendung die sowjetische Politik gegenüber Israel genommen hat. Bis zum Jahre 1954 sind die Russen unsere eifrigsten Fürsprecher gewesen. Kaum aber waren die Engländer aus Ägypten abgezogen, da fanden sie es nützlicher, den Arabern um den Bart zu gehen, und schon verurteilten sie das bloße Vorhandensein einer Nation, deren Staat sie als erste Macht der Welt anerkannt hatten.

Und so begannen denn die Sowjets ihre Liebesaffäre mit Ägypten, dessen Wirtschaft sie systematisch ruinierten, indem sie ihm Rüstungsmaterial verkauften, das es sich nicht leisten konnte. Wer braucht schon solche Freunde? Wie viel einträglicher wäre es für die Ägypter und die Araber insgesamt, wenn sie einsehen könnten, daß unser gemeinsames Interesse darin besteht, in friedlicher Zusammenarbeit im Nahen

Osten jenes irdische Paradies zu schaffen, das sich dort ohne weiteres verwirklichen ließe! Aber nein. Die Ägypter dürfen sich bei den Sowjets, die sie auf den Weg des militärischen Abenteurertums geführt haben, für ihre Gefallenen bedanken, für die Zerstörung und Wegnahme zweier kompletter Kriegsausrüstungen, für wirtschaftlichen und politischen Bankrott, die Schließung des Suezkanals. Noch dankbarer allerdings wären wir, wenn die arabische Welt endlich erkennen wollte, daß nur durch gutwillige und freundschaftliche Zusammenarbeit mit Israel der Nahe Osten eine Unabhängigkeit und wirtschaftliche Selbständigkeit erreichen kann, die es zuvor nie gegeben hat, die aber jetzt durchaus erreichbar wären. Die eigentliche Tragödie besteht darin, daß die für dieses Gebiet, für die es bewohnenden Völker gegebenen Möglichkeiten nicht genutzt werden. Unser Wunsch nach Frieden ist unverändert, und daß wir es ehrlich meinen, haben wir wieder und wieder bewiesen. Wir sind zu wichtigen Konzessionen bereit, wenn die uns umgebenden Nationen echte Verhandlungen führen wollen. Insbesondere sind wir jederzeit bereit, alle Energien und alles Geschick, das wir notgedrungen entwickelt und in unsere Verteidigung gesteckt haben, unseren Nachbarn in der Weise zugute kommen zu lassen, daß wir ihnen dabei helfen, einen Entwicklungsstand zu erreichen, der dem 20. Jahrhundert angemessen ist. Was wir in dieser Hinsicht erreichen wollen, ist genau das, was auch Nasser erreichen zu wollen behauptet. Welches Unglück für alle Beteiligten, daß aus Gründen des persönlichen Ehrgeizes und der Neigung, den Weg des geringsten Widerstandes zu gehen, er und seine Verbündeten diese Dinge nicht sehen wollen.

Daß wir, mit Krieg bedroht, alles für die Erhaltung des Friedens getan haben, ist keine bloße Phrase. Auch wenn es ganz hoffnungslos aussah, hat Israel immer nach vernünftigen, humanen Möglichkeiten gesucht zu überleben. So haben wir vor der Beendigung der britischen Mandatsherrschaft insgeheim mit König Abdullah von Transjordanien verhandelt, und zwar bis die arabische Legion auf seinen Befehl nach Jerusalem vorrückte. Noch Stunden vor diesem Ereignis begab sich die heutige Ministerpräsidentin, Frau Golda Meir, als meine Sonderbeauftragte nach Transjordanien, überschritt unter großer Gefahr als Beduinenfrau verkleidet die Grenze und trug dem König noch einmal unser Friedensangebot vor. Vergebens!
Auch 1956, vor dem Sinaifeldzug, haben wir Dutzende von Malen versucht, mit Präsident Nasser zu verhandeln oder auch nur zu reden. Wir haben von allen erdenklichen Mittelsmännern Gebrauch gemacht, um ein israelisch-ägyptisches Treffen zustande zu bringen, ohne Erfolg. Währenddessen habe ich das Äußerste versucht, um von den Großmächten eine Garantie unserer Grenzen und der freien Schiffahrt an unseren Küsten zu erlangen.
Wieder und wieder habe ich gesagt, ich sei jederzeit bereit, nach Kairo zu kommen und mit Oberst Nasser zu verhandeln. Das alles, um einen Konflikt zu vermeiden, in dem wir, wie wir wohl wußten, die Sieger bleiben würden. Doch schließlich mußten wir kämpfen. Und wir haben gesiegt.
Israel ist den Ideen von Frieden und Nächstenliebe treu geblieben, auf denen die Bibel ruht. Indessen ist es eines, seinen Nächsten zu lieben und ein anderes, als Volk Selbstmord zu begehen.

Jeder weiß, daß wir entschlossen sind, hier zu bleiben. Doch lohnt es, diese Entschlossenheit näher zu analysieren. Die Sowjets haben es gewagt, uns als Kolonialisten zu bezeichnen. Auf diesem Gebiet sind sie, die das östliche Europa brutal unterdrücken, zweifellos Experten. Man darf wohl ruhig sagen, daß kein Volk sich weniger kolonialistisch gebärdet hat als das unsere. Wenn wir Israel unser Land nennen, dann weil wir es im Schweiße unseres Angesichts urbar gemacht, gedüngt, bepflanzt, bebaut haben. Man weiß, daß wir es nun auch mit Hingabe verteidigen. Und haben wir denn nicht alles in dieses Land gesteckt, was wir besaßen? Das ist das Geheimnis unserer Stärke. Und diese Stärke hätten wir nicht, wenn wir Kolonialisten wären!

Man kann mit Bestimmtheit sagen, daß Israel oder das jüdische Volk im 20. Jahrhundert ihren Anspruch auf dieses Land mit keiner Kugel und mit keiner einzigen Gewalttat verfolgt haben. Nicht das Recht, hier zu sein, haben wir mit Waffen verteidigt, sondern das Recht, zu bleiben. Nur zur Verteidigung haben wir uns der Gewalt bedient. Trotz des Gebietszuwachses, den unsere Siege uns gebracht haben, erheben wir Anspruch nur auf das, worauf unsere Arbeit uns ein Recht gibt. Den Maßstab dafür gibt der Vergleich des menschenleeren, stagnierenden, malariaverseuchten Palästina von vor siebzig Jahren mit dem geschäftigen, modernen, ständig in Fortentwicklung begriffenen Israel von heute. Und was wir heute haben, haben wir ganz und gar selber gemacht. Kolonialismus, also die Ausbeutung eines Volkes durch ein anderes, findet da nirgendwo statt.

Übrigens haben als erste die ortsansässigen Araber von

dieser Entwicklung profitiert. Die Araber sterben nämlich nicht mehr an Malaria, sie vegetieren nicht mehr halbverhungert arbeits- und hoffnungslos dahin. Mehr und mehr integrieren sie sich in die israelische Bevölkerung, sie sind im Parlament vertreten, schikken ihre Kinder in die Schulen, treten freiwillig in unsere Streitkräfte ein, und ihre Frauen emanzipieren sich. Ich komme später noch auf diese Dinge zu sprechen, aber ich möchte hier doch sagen, daß unsere Beziehung zu der arabischen Minderheit gekennzeichnet wird von gegenseitiger Achtung und von dem Bemühen, zu sozialen Einrichtungen zu kommen, wie das 20. Jahrhundert sie von uns verlangen kann.

Schon 1917 hat die berühmte Balfour-Deklaration Israel das Recht auf Existenz zuerkannt. Schon damals hatten unsere bemerkenswerten Fortschritte bei der Kultivierung dieses Landes die Welt dazu bewogen, unseren Anspruch anzuerkennen. Im Laufe der Jahre ist unser Recht, hier zu sein, immer wieder bestätigt worden, schließlich auch durch die Vereinten Nationen, die 1947 von den Engländern verlangten, endlich aktiv bei der Errichtung eines jüdischen Staates in Palästina mitzuwirken. Das alles heißt aber nicht, daß wir anderen das Recht auf einen Staat absprächen. Das sei ferne von uns. 1947 hatten wir uns damit abgefunden, daß wir nur ein von den UN bezeichnetes Rumpfpalästina bekommen würden.

Wir hielten diese Regelung nicht für fair, weil wir meinten, mit unserer Mühe um das Land eine größere Gebietszuteilung verdient zu haben, doch versteiften wir uns nicht darauf, sondern waren bereit, vom Unabhängigkeitstage an die internationalen Regelungen buchstäblich einzuhalten. Wir waren auch mit der Internationalisierung Jerusalems einverstanden, vorausgesetzt, die den Juden von den UN gegebenen Garantien, ungestört dort zu wohnen und an der Stadtverwaltung beteiligt zu sein, wurden eingehalten. Mit anderen Worten, wir hatten es nicht im geringsten auf Territorien abgesehen, die den Arabern zuerkannt worden waren.

Und was geschah? Die Jerusalemer Juden wurden angegriffen, ehe die Unabhängigkeit überhaupt in Kraft trat. Unsere Nachbarn erklärten sich offen zu unseren Feinden, sie forderten uns auf, ins Meer zu springen und selbst das kleine Territorium aufzugeben, das uns die ganze Welt zuerkannt hatte. Und sie machten sich daran, uns zu erobern.

Gerade erst hatten wir palästinensischen Juden zusehen müssen, wie unsere Brüder in Europa, woher viele von uns stammten, nackt, geängstigt und verwirrt, aller Habe, ja selbst ihrer Kleidung beraubt, in die Gaskammern, Krematorien und Hungerlager der ›Endlösung‹ getrieben worden waren. Wir waren Augenzeugen dieses Abdankens jeglicher Humanität geworden, und das hatte in uns allen Spuren hinterlassen. Wir wußten: wir dürfen uns nicht widerstandslos zur Schlachtbank führen lassen, und sei es nur, um jene nicht zu enttäuschen, die ermordet worden waren. Solange es ein Israel gab, sollte es als Zuflucht vor Verfolgung dienen. Wir mußten kämpfen, im Namen unserer Ermordeten. Mußte es sein, so wollten auch wir sterben, aber sterben wie die jüdischen Helden des Warschauer Gettos, des von den Römern belagerten Jerusalem, wie in Masada: mit dem Rücken zur Wand, aber bis zum letzten Atemzug kämpfend. Ich möchte gleich hinzufügen, daß wir damals ebensowenig darauf erpicht waren, zu sterben oder das Martyrium zu erleiden, wie wir es heute sind. Davon haben die Juden in ihrer langen Geschichte reichlich gehabt. Wir waren und sind vielmehr am Leben interessiert, wir wollen Israel zum Blühen bringen, wollen der Menschheit zeigen, wie man ein Land der Fülle machen kann aus einer unfruchtbaren Wildnis. Wir sind hergekommen voller Freude und Hoffnung, hingegeben an unser Volk, unser Erbe, unseren uralten Auftrag, zum Wohl der Menschheit beizutragen. Wo immer Juden waren, da hat die Kultur geblüht, ist die Menschheit vorangekommen. Wir wünschten, und tun das auch heute noch, unsere Anwesenheit dem gesamten Nahen Osten zugute kommen zu lassen. Und ich weiß, eines Tages wird uns das erlaubt werden.

Ich glaube, diese Einführung, in der es ja hauptsächlich um den Frieden ging, vermittelt das notwendige Verständnis für die Geschichte unserer Verteidigungsstreitkräfte, sowohl was die Rolle angeht, die sie heute spielen, als auch was ihr offizielles Entstehen während des Kampfes um die Unabhängigkeit Israels angeht. Wenn man unseren fundamentalen Abscheu vor allem Kriegerischen und unseren Glauben an ein friedliches Zusammenleben der Völker Vorderasiens bedenkt, dann erkennt man, eine wie einzigartige Institution die IDF sind.

Hier muß ich allerdings noch eine Bemerkung einflechten. Seit kurzem muß Israel sich mit dem Vorwurf auseinandersetzen, es sei ›aggressiv‹. Da ich im tiefsten überzeugt bin, daß wir nie aggressiv waren und es auch nie sein werden, möchte ich diese Vorwürfe beantworten.

Aggressoren nennen uns die Sowjetunion und ihre Satelliten, wenn sie von unseren Verteidigungsbemühungen sprechen. Eine Nation, deren Grenzen ein Sechstel der Landmasse unseres Erdballes umfassen, hat leicht die Schnelligkeit kritisieren, mit der ein winziger Staat wie Israel der Bedrohung seiner Grenzen begegnen muß. Wir wollen hier die Nervosität der Russen einmal ganz außer acht lassen, die sie, mächtig wie sie sind, kürzlich erst im Streit um ein Sumpfgebiet an den Tag legten, von dem weder sie noch die Chinesen jemals den geringsten Gebrauch gemacht haben. Israel kann den ihm gemachten Vorwurf durch die Feststellung zurückweisen, daß seine geographische Lage die Beherzigung jener Regel verlangt, die besagt: Wer als erster zuschlägt, gewinnt die Schlacht. Täten wir es nicht, wir würden überwältigt werden. Daß wir diese Regel befolgen werden, haben wir nie bestritten, ja, wir haben im Gegenteil unsere arabischen Nachbarn immer wieder darauf hingewiesen, daß wir mit harten Vergeltungsschlägen antworten müssen, wenn sie Panzerkolonnen an unseren Grenzen aufmarschieren lassen, unsere Farmer bei der Feldbestellung beschießen, in unseren Luftraum eindringen und terroristische Übergriffe auf unser Territorium unterstützen. Nehmen wir das einleuchtendste Beispiel von allen, den Juni 1967.

Vor dem Sechstagekrieg hat Nasser uns mit seinen von der UdSSR gestifteten schweren Panzern im Gazastreifen buchstäblich vor der Nase herumgefuchtelt. Der Gazastreifen begrenzte den am meisten bevölkerten, am dichtesten bebauten und flachsten, den verwundbarsten Teil von Israel. Unterdessen feuerten die Syrer von den Golanhöhen Tag um Tag auf israelische Zivilisten und drangen mit ihren MIG-Jägern in unseren Luftraum ein. Dann drängte Nasser die UN, ihre Truppen aus der Straße von Tiran abzuziehen, besetzte diese Meerenge selber und verkündete der Welt, daß der Hafen von Eilath hinfort geschlossen sei.

Wir konnten nun voller Angst auf den ›Anschluß‹ an die Araber warten – hierzu forderte die Welt uns dringend auf; etwa wie die Länder Europas damals Österreich dazu aufgefordert hatten –, oder wir konnten einen Präventivschlag führen. Zuwarten hätte geheißen, mitansehen, wie Tel Aviv, Jerusalem, Haifa, unser mühevoll kultiviertes Land und unsere Industrieanlagen im Feuer der feindlichen Sowjetbomber untergingen, es hätte die Hinopferung Tausender Israelis bedeutet. Bei einer Gesamtbevölkerung von drei Millionen konnte man solche Verluste nicht auf die leichte Schulter nehmen, schon gar nicht nach allem, was den Juden Europas widerfahren war.

Überdies hätte Zuwarten bedeutet, den militärischen Vorteil aus der Hand zu geben und Israels Existenz aufs Spiel zu setzen. Was taten wir also? Nun, zuerst wandten wir uns an die Vereinten Nationen. Zweitens warnten wir wieder und wieder die Araber und besonders Präsident Nasser, daß wir uns solche Erpressungen nicht auf die Dauer würden gefallen lassen können. Wir verhehlten nicht unsere Absichten und ersuchten dringend darum, in Frieden gelassen zu werden. Die Antwort? Gesteigerte Hysterie der Araber, verstärkte antijüdische Propaganda. Man hielt unser Widerstreben zu kämpfen für Schwäche und nicht für den Versuch, Vernunft walten zu lassen. Nasser und seine Freunde sahen bereits den schnellen Sieg, eine Belebung der arabischen Einheit, welche die unruhigen Bevölkerungen wenigstens für ein Weilchen ihre materielle Rückständigkeit und die Gleichgültigkeit vergessen lassen würde, die ihre Regierungen diesem Elend gegenüber zeigten. Nach der Sperrung der Straße von Tiran und dem hastigen Abzug der UN – über den ich nichts sagen will, denn angesichts solch einseitiger und nicht gerade geschickter Maßnahmen fehlen einem die Worte – blieb uns keine Wahl. Wir schlugen zu. Unsere Hauptsorge galt dem Leben unserer Landsleute, und darum setzten wir als erstes die feindliche Luftwaffe außer Gefecht, ehe sie eingreifen und uns schaden konnte. Es kommt letzten Endes darauf heraus: entweder wir griffen an, oder wir waren erledigt. Insoweit also sind wir die ‹Aggressoren› des Sechstagekrieges.

Ähnliches gilt für die Vergeltung der immer wiederholten Terrorakte auf unserem Boden, die von den arabischen Mächten inspiriert werden. Uns machen diese Strafexpeditionen und die anderen Maßnahmen zwecks Eindämmung der Verletzung des Waffenstillstandes durch unsere Feinde kein Vergnügen. Aber wenn wir überleben wollen, müssen wir als kleine Nation das Äußerste tun, um unsere viel volkreicheren Nachbarn davon abzuhalten, uns anzugreifen.

Ich möchte hinzufügen: so wichtig der Verteidigungsauftrag auch ist, unsere Streitkräfte widmen sich nach wie vor intensiv konstruktiveren Dingen: der Weiterbildung und der Verschmelzung der israelischen Jugend durch gemeinsame Ausbildung und gemeinsame Erfahrungen. Nichts gleicht so wenig wie die IDF der klassischen Kriegsmaschinerie oder dem Instrument eines fanatisierten Eroberungswillens, wie die im Stechschritt paradierenden Hitlertruppen es waren.

Unabhängigkeit

(Am Vorabend des Sabbath, dem 14. Mai 1948, dem fünften Tage des Monats Ijar 5708, verlas David Ben Gurion vor dem nach Tel Aviv einberufenen provisorischen Staatsrat die Unabhängigkeitserklärung, mit der sich die Juden im Lande Israel in aller Form als Staat konstituierten.

Im Morgengrauen des folgenden Tages erschienen ägyptische Bomber über der Stadt, und schon sah sich die neugeborene Nation in einen Kampf auf Leben und Tod verstrickt mit fünf besser ausgerüsteten, numerisch überlegenen, von Engländern ausgebildeten und teils auch geführten arabischen Armeen, die den winzigen Staat von allen Seiten her angriffen. Mit unzulänglichen Waffen, mit landwirtschaftlichem Gerät und bloßen Fäusten, aber einem durch nichts zu brechenden Kampfgeist schlugen die Israelis diese Armeen in die Flucht. Die arabischen Befehlshaber hatten die Einnahme von Tel Aviv für den 25. Mai angesetzt. Am 10. Juni akzeptierten sie mit Erleichterung eine Feuereinstellung. Spätere arabische Angriffe führten dazu, daß die Grenzen Israels erweitert und befestigt wurden. Nachdem 1949 ein Waffenstillstand mit den

Arabern unterzeichnet worden war, lernte Israel endlich so etwas wie Frieden kennen.)

Unsere heutigen Verteidigungsstreitkräfte sind während des Unabhängigkeitskrieges entstanden und zehren von den damals gelernten Lektionen, von denen manche bitter waren. Daß wir dem arabischen Angriff überhaupt so etwas wie organisierte Abwehrkräfte entgegenzustellen hatten, war an sich schon ein Wunder, bewirkt durch die Haganah, die sich aus dem Haschomer entwickelt hatte.

Ich möchte betonen, daß die Briten den uns umgebenden arabischen Staaten beim Aufbau ihrer Armeen halfen, daß sie uns jedoch unter der Mandatsregierung an ähnlichen Bestrebungen hinderten. Ehe das Weißbuch von 1939 derartige Bemühungen streng einschränkte, und um den Juden Gelegenheit zu geben, sich der übelsten arabischen Übergriffe zu erwehren, die der Mufti von Jerusalem anzettelte, hatten die Engländer uns erlaubt, eine 2000 Mann starke Polizeitruppe auszubilden. Während des Zweiten Weltkrieges, noch vor der Aufstellung der jüdischen Brigade, die mit den Engländern in Europa kämpfte, wurde uns erlaubt, eine Kommandotruppe aufzustellen, Palmach, von der im ganzen etwa 2500 Männer und Frauen ausgebildet wurden. Die Briten wußten, daß sie, falls Palästina Kriegsschauplatz wurde, eine gut ausgebildete, zuverlässige jüdische Truppe brauchten, weil sie auf die Loyalität der Araber nicht zählen konnten.

Gleich nach dem Kriege beschnitt die englische Labourregierung auf brutalste Weise die Einwanderung von Juden nach Palästina und alle weiteren Verteidigungsvorbereitungen der Juden. Die Haganah nahm sich, zum Ärger der Engländer, daraufhin der illegalen Einwanderung an. Die Führer gingen in den Untergrund und wanderten von einem Kibbuz zum anderen. Wen die Engländer für einen Angehörigen der Haganah hielten, den sperrten sie ohne weiteres ein. Unermüdlich suchten sie nach versteckten Waffen und Fahrzeugen, die zugegebenermaßen meist aus Mandatsbeständen gestohlen waren. Unterdessen aber statteten sie die arabischen Anliegerstaaten mit allem nur erdenklichen Kriegsgerät aus. Britische Offiziere bildeten die arabischen Soldaten aus und führten sogar das Kommando, wie in der arabischen Legion von Transjordanien. Wir wurden also einseitig benachteiligt.

Eigentlich müßte man aber mit den Tagen des Haschomer anfangen, denn damals bildete sich schon das Besondere unserer militärischen Entwicklung heraus.

Ich habe schon erwähnt, daß es sehr früh Zweifel gab bei den Juden, ob sie berechtigt seien, zwecks Selbstverteidigung zur Waffe zu greifen. 1906 bildete diese Kontroverse das Tagesgespräch. Unter den Pionieren, von denen viele philosophische Neigungen hatten, debattierte man endlos über Fragen wie: Wann wird die Defensive zur Offensive? und so fort.

Der Anblick unserer von Arabern Getöteten machte diesen theoretischen Erwägungen leider ein Ende. Und das Ende war, daß die Wächter sich bewaffneten.

Es zeigte sich nun, und das ist wahrlich paradox, daß die Existenz des Haschomer das Entstehen friedlicher Beziehungen zwischen Juden und Arabern in Galiläa begünstigte. Offenbar hatte es die arabischen Dörfler entsetzt, daß wir uns nicht selber schützen wollten.

Unter sich nannten sie uns verächtlich ›Kinder des Todes‹, denn unser Widerstreben, Waffen zu tragen, hatten sie als Feigheit ausgelegt und als entehrende Todessehnsucht. Kaum war der Haschomer entstanden und zeigte sich in Scharmützeln den streunenden Banditen gewachsen, da betrachteten die Araber Galiläas uns mit Respekt. Sie sahen uns als Ebenbürtige an und, dies war das wichtigste, sie gestanden uns das Recht zu, ihre Nachbarn zu sein. Ist es wirklich Zufall, daß gerade Galiläa der ruhigste Teil Israels ist und daß hier die israelisch-arabischen Beziehungen den fruchtbarsten und friedlichsten Status erreicht haben? Doch wohl nicht.

Als nach dem Ersten Weltkrieg die Türken vertrieben wurden und die Briten Palästina übernahmen, reichte der Haschomer nicht mehr aus, die Bedürfnisse einer wachsenden und immer mannigfacher werdenden jüdischen Bevölkerung zu befriedigen. Es gab nämlich insgesamt nur vierzig Wächter und Wächterinnen, die nun voll mit ihrem Wächteramt beschäftigt waren.

Wir brauchten jetzt eine Organisation, die mit allgemeiner Zustimmung sämtliche tauglichen Juden umfaßte, die zwar weiterhin ihrer Arbeit nachgehen, daneben aber eine reguläre militärische Ausbildung erhalten und dann den Schutz ihrer Siedlungen übernehmen sollten. Man darf nicht vergessen, daß so mancher Kibbuz und Außenposten, so manches Dorf und manche Siedlung ganz isoliert lagen und jederzeit Angriffen ausgesetzt waren. Es bedurfte also auch der Einrichtung eines Verteidigungssystems, das diese isolierten Orte miteinander verband, und dafür war der Haschomer einfach nicht ausreichend.

So entstand denn die Haganah als Schutzorganisation

der Histadruth, der Allgemeinen Gewerkschaft Jüdischer Arbeiter in Palästina, deren erster Generalsekretär ich war. Da die Histadruth die größte jüdische Organisation im Lande war, konnte die gesamte Bevölkerung irgendwie in dieses Verteidigungsprogramm einbezogen werden. Die ersten Mitglieder der Haganah waren meist Mitglieder der Histadruth, die meinten, es sei ihre Mission, auch hier für ihre sozialistischen Ideale zu werben, doch als sich erwies, daß es in der Haganah wirklich mehr und mehr um den äußeren Schutz ging, ließ man Fragen der politischen Ideologie beiseite und widmete sich ausschließlich der Verteidigung. Es fehlte der Haganah jederzeit an Waffen und Ausrüstung. Dafür übten die Mitglieder erstaunliche Selbstdisziplin. In den zwanziger und dreißiger Jahren waren die jüdischen Gemeinwesen allen erdenklichen Übergriffen arabischer Fanatiker ausgesetzt, die hauptsächlich vom Mufti el Husseini aufgehetzt wurden. Husseini, der den Zweiten Weltkrieg in Deutschland verlebte und auf die Liste der Kriegsverbrecher gesetzt wurde, war unmittelbar verantwortlich für eine Reihe von Massakern, die vor dem Krieg unter den Juden angerichtet wurden, und mehr als einmal erwog die Haganah einen großangelegten Vergeltungsschlag gegen eine arabische Siedlung. Und doch hielt sie sich immer wieder zurück und beschränkte sich ausschließlich auf die Defensive. Vernunft und Selbstdisziplin unserer bewaffneten Verteidiger verhinderten damals, daß das Land im Feuer eines Bürgerkrieges zugrunde ging.

Ich habe schon den Beitrag erwähnt, den die Haganah im Kampf gegen Hitler leistete und auch, daß sie nach dem Krieg die englischen Vorschriften über die Einwanderung von Juden zu umgehen half. Aus der Haganah sind aber auch jene tapferen Männer und Frauen hervorgegangen, die im besetzten Europa ihr Leben riskierten, um den heimgesuchten Juden an Hilfe zu bringen, was möglich war.

Als abzusehen war, daß wir unabhängig werden würden, bestand das größte Problem für uns in der Beschaffung von Waffen. Man mußte kein Hellseher sein, um zu wissen, daß die Araber uns unverzüglich angreifen würden. Sie machten gar keinen Hehl daraus. Ich meine jetzt nicht die palästinensischen Araber, sondern die Araber in den uns umgebenden Ländern, die sich aus allen möglichen Gründen entschlossen hatten, die Karte des Antisemitismus zu spielen. Transjordanien, das sich später nur noch Jordanien nannte, nutzte die Situation von 1948 dazu, sich am Westufer des Jordan ein hübsches Stück Land anzueignen, das eigentlich den ständig vorgeschützten, aber ebenso ständig mißbrauchten Palästinensern vorbehalten bleiben sollte. Jordanien gab dieses Land nicht nur nicht an die sogenannten Blutsbrüder heraus, nein, es sperrte diese in Lager und behielt das Gebiet für sich. Internationale Spenden von Geld und Lebensmitteln, mit denen diesen bejammernswerten Flüchtlingen geholfen werden sollte, wurden dann von jenen Regierungen, die angeblich für die Sache der Palästinenser kämpften, ›umgeleitet‹. Nun geht das alles mich im Grunde nichts an, ich möchte nur, daß man versteht, warum mich weder das nichtvorhandene Verlangen nach Unabhängigkeit der Palästinenser, noch ihr angebliches Eintreten für diese Unabhängigkeit im geringsten beeindrucken.

Falls es Israel morgen nicht mehr gäbe, könnte es ein

neues ›Nahostproblem‹ geben, etwa weil Jordanien, Syrien, Ägypten und der Irak sich über die Beute streiten, aber eines wird es garantiert nicht geben: ein unabhängiges Palästina. Auch aus diesem Grunde ist, was jetzt vorgeht, so absolut verantwortungslos, tragisch und sinnlos. Die angebliche Sache der Araber ist keine Sache, höchstens der Haß, den ein Volk gegen ein anderes empfindet. Falls die Menschheit allerdings wünscht, das Atomzeitalter zu überleben, wird solcher Haß gezügelt werden müssen. Daß er im Nahen Osten gezügelt wird, ist jedenfalls die Voraussetzung dafür, daß sowohl die Araber als auch wir überhaupt noch eine Zukunft haben.

Nachdem ich schon soweit abgeschweift bin, möchte ich noch sagen, daß es 1948 nicht die Juden waren, sondern die Araber, die die arabische Bevölkerung aufforderten, Haus und Land zu verlassen. Wir hingegen forderten sie auf, zu bleiben und beim Aufbau eines modernen Landes mitzuhelfen. Diejenigen, die weggingen, taten das nicht, weil sie ihre jüdischen Nachbarn fürchteten, sondern weil sie Angst hatten vor den Drohungen der Araber. Zuversichtlich wanderten sie über die Grenzen jener arabischen Länder, die sie aufgefordert hatten zu kommen, und geendet sind sie in dem nur allzu bekannten Elend.

Heute sehen wir uns vor einer neuen Schwierigkeit. Eine neue Generation ist im Schmutz und der verbitterten Atmosphäre der Flüchtlingslager herangewachsen. Diese Generation begehrt Israel, wie ein Gefangener die Freiheit begehrt. Sie will um jeden Preis ihre Lebensbedingungen verändern. Und wer kann diesen jungen Menschen das verdenken? Ich bestimmt nicht. Weil ihre Eltern falschen Freunden vertraut haben, leben diese verbitterten, schwer benachteiligten und, wie ich fürchte, halb wahnsinnigen Menschen am Rande der Geschichte wurzellos dahin. Wir haben aufrichtiges Mitleid mit ihnen, doch nicht wir haben ihnen dieses Los bereitet. Ich will damit nicht sagen, daß wir nicht die menschliche Verpflichtung hätten, ihnen das Leben so erträglich zu machen wie möglich, wenn sie es zulassen. Ich möchte nur noch einmal ganz deutlich machen, daß nicht wir die Ursache ihres Elends und ihrer Heimatlosigkeit sind. Israelische Araber leben nicht im Elend. Auch nicht im Lager. Sie sind nicht im Exil, oh nein. Einen so hohen Lebensstandard wie sie hat heute kein anderes arabisches Volk aufzuweisen! Es sind die, die geblieben sind, die in der Mehrzahl treu zum Staat Israel stehen, dem einzigen echten und unabhängigen Staat, den es hier in den letzten tausend Jahren gegeben hat.

Daß wir das Problem der Palästinaflüchtlinge nicht verursacht haben, heißt nicht, daß wir uns damit nicht befaßten. Wir sind bereit, innerhalb unserer beschränkten Möglichkeiten sehr weit zu gehen, wenn wir bei seiner Lösung helfen können. Das kann aber nur geschehen, wenn die andere Seite zugibt, daß sie durch ihre unsinnige Politik da ein fürchterliches Ungeheuer herangezüchtet hat und ebenfalls hilft.

Was nun die den Lagern entstammende Generation angeht, so bedauern wir zwar die Verhältnisse, in denen sie sich befindet und auch deren unglückselige Verursachung, doch ihre verbrecherischen Handlungen können wir nicht einfach hinnehmen. Man kann die Jugendkriminalität bedauern und ihre Ursachen analysieren, doch die Kriminalität selber kann man nicht dulden. Das gilt auch für das Verhältnis von Israel zu diesen Unzurechnungsfähigen in den Lagern. Ich glaube schon, daß insgeheim so manche arabische Regierung unserer Auffassung ist, denn diese Leute sind jetzt bereits gemeingefährlich. Weder Präsident Nasser noch König Hussein von Jordanien sind mehr davor sicher, daß eines dieser Lagerkinder mit wildrollenden Augen zu ihnen vordringt, die Maschinenpistole im Anschlag. Ihr jüngster Einfall, Linienmaschinen im Zivilflugverkehr zu entführen, wird diese Unglücklichen der Menschheit nicht sympathischer machen.

Nun aber zurück zu den Schwierigkeiten der Jahre 1947 und 1948. Wir machten uns keine Illusionen: die Unabhängigkeit würde uns keineswegs den Frieden bringen, vielmehr mußten wir uns nach besten Kräften auf den Angriff vorbereiten, der, wie wir wußten, mit Gewißheit kommen würde. Und doch konnten wir uns nicht bewaffnen, und unsere militärischen Übungen mußten unter strengster Geheimhaltung und entsprechender Beeinträchtigung stattfinden. Unsere Leute mußten mit so gut wie gar keiner Ausbildung in den Krieg gehen.

Die Haganah tat, was sie konnte. In den Kibbuzim bildete sie die Farmer im Gewehrschießen aus; sie richtete versteckte Werkstätten ein, wo alte Lastwagen mit leichten Maschinengewehren und geradezu rührender Panzerung versehen wurden, die, wie sich dann herausstellte, von schlichten Infanteriegeschossen durchschlagen wurde. Das nannte man ›Panzerwagen‹, und als solche verrichteten sie ihren Dienst bei einer der großen Unternehmungen der jüdischen Geschichte: der Entsetzung Jerusalems im April 1948.

Als Chef der Jewish Agency, der vom Palästinamandat international anerkannten und mit dem Aufbau des jüdischen Gemeinwesens betrauten Körperschaft, beschäftigte ich mich schon seit Jahren (nämlich seit der Konferenz im New Yorker Hotel ›Biltmore‹, die im Mai 1942 stattfand) mit dem Kauf von Rüstungsmaterial im Ausland. Wir besaßen hier und dort im Ausland gewisse Depots. Aber was nützten sie uns in irgendeinem fernen Land? Ich bin nur froh, daß ich weitblickend genug war, die beschränkten Mittel, die mir zur Verfügung standen, nicht nur für Waffenkäufe zu benutzen, sondern auch zur Anschaffung von Werkzeugmaschinen für die Herstellung von Rüstungsmaterial im eigenen Lande und zur Beschaffung schwerer Ausrüstung, beispielsweise schwimmenden Brückengerätes. Aber auch dieses Material wagten wir nicht ins Land zu bringen, solange die Briten anwesend waren und Beschlagnahme drohte.

Als wir den Unabhängigkeitskrieg begannen, verfügten wir über 45 000 Frauen und Männer, die zur Haganah und zum Palmach gehörten. Weiter gab es noch etliche Tausend Mitglieder sogenannter privater Armeen, die selbständig operierten. Darüber später mehr. Von den verfügbaren 45 000 konnten wir etwa drei Viertel bewaffnen, nur hatten wir leider nicht genug Munition für sie. Die übrigen mußten mit hausgemachten Waffen versehen werden, mit Molotow-Cocktails und ähnlichem.

Wir besaßen eine Art Luftwaffe – eine Handvoll leichter Sportflugzeuge, Eigentum von Sportklubs. Diese Maschinen wurden eilig mit Maschinengewehren ausgestattet. ›Bombenwurf‹ bedeutete das Hinauswerfen von Handgranaten aus dem Cockpit.

Als die Briten endlich abzogen und wir noch am Nachmittag des 14. Mai den Staat Israel ausriefen, konnten wir nicht ahnen, was geschehen würde. Konnte unser so wenig vorbereitetes Volk sich dieser Lage gewachsen zeigen? Ich wußte, jawohl, das kann es. Ich hatte festes Vertrauen in seine Standhaftigkeit, aber mit unserer materiellen Ausstattung sah es ganz übel aus.

Wir alle schöpften Mut aus der heroischen Entsetzung Jerusalems durch den Palmach in der ersten Aprilwoche 1948. Die Lage war wirklich übel gewesen. Die Araber hatten die Wasserversorgung des modernen, westlichen Stadtteils abgeschnitten, in dem die Juden überwogen. Wie die Römer im Jahre 70, planten sie die jüdischen Bewohner auszuhungern und so zur Hinnahme einer *de facto*-Herrschaft der Araber zu zwingen. Am 11. März hatten sie ein Bombenattentat auf das Büro der Jewish Agency in Jerusalem verübt, und Mitte März bedrohten sie die einzige Landstraße von den jüdischen Küstensiedlungen nach Jerusalem, die Nabelschnur, durch die den Juden in Jerusalem der lebensnotwendige Bedarf geliefert wurde.

Die Krise trat ein, als am 30. März die Leute des Mufti einen großen Konvoi angriffen, der auf dem Wege zur Stadt war. Es folgte ein Massaker, und wir verloren dabei auch Dutzende Lastwagen. Es wurde uns klar, daß die Straße nach Jerusalem endgültig unpassierbar geworden war. Oberst Lund, der Vertreter Norwegens bei den Vereinten Nationen in Palästina, kennzeichnete unsere strategische Lage mit der Bemerkung: »Sie sind jetzt schlimmer dran als Norwegen im Jahre 1940.« Aufmunternde Worte!

Die Briten unternahmen nichts, um unsere Leute zu schützen oder die Straße freizumachen. Im März hatten sie sogar einen unserer Konvois angehalten, alle Juden entwaffnet und die Waffen unter die Araber verteilt. Wir wußten also, daß nun alles auf uns ankam. Der Palmach kämpfte mit Hilfe der wenigen Fahrzeuge, die greifbar waren, Meile um Meile die schmale, kurvenreiche Straße frei. Der Feind mußte den ganzen Weg entlang von unten nach oben angegriffen werden, was eine schwere taktische Belastung ist. An jeder Kurve kam es zu Nahkämpfen. Fahrzeug um Fahrzeug blieb liegen, von Panzerabwehrkanonen und Handgranaten getroffen. Die rostigen Wracks stehen heute noch da, ein sonderbarer Anblick im friedlichen Grün neben der Landstraße. Sie sind ein Denkmal für jene jungen Kommandotruppen, die um Jerusalem kämpften und starben. Trotz Verlusten an Menschen und Fahrzeugen warf der Palmach die Araber zurück, gelangte an die Tore der Stadt und stellte die Verbindung zu den Wasserreservoiren wieder her. Außerdem gelangten noch drei Konvois mit Lebensmitteln in die Stadt, ehe die Straße wieder verlorenging. So konnten die Bürger des westlichen Jerusalem, auf Hungerrationen gesetzt, gegen die arabische Legion durchhalten, bis im Juni die Belagerung endlich aufgehoben wurde.

In Jerusalem ging allerdings, wie bekannt, das jüdische Viertel der Altstadt verloren – jenes Viertel, in dem sich unsere ältesten Denkmäler und Andachtsstätten befanden. Die dort wohnenden Juden, meist ältere Leute, verstärkt durch eine kleine Abteilung der Haganah, besaßen wenig Waffen, kaum Munition und fast keine Lebensmittel. Ringsum wohnten Tausende Araber, und Angreifer war die Arabische Legion. Die Altstadt kapitulierte schließlich, wer noch lebte, zog sich so gut es gehen wollte in die Neue Stadt zurück und reihte sich unter deren Verteidiger ein.

Ich kenne kein Mitglied der provisorischen Regierung, das in den dunklen Tagen, die auf die Unabhängigkeitserklärung folgten, nicht von schweren Zweifeln geplagt worden wäre. Hatten wir das Recht, unser Volk zum Widerstand aufzurufen, wenn solcher Widerstand zu einer Massenvernichtung führen konnte? Aber wir wußten im Grunde, daß wieder einmal alles auf dem Spiele stand. Es blieb uns gar nichts übrig, als zu kämpfen.

Ob wir durchhalten würden, war allerdings eine andere Frage. Hunderte von Siedlungen überall im Lande waren plötzlich isoliert und wurden angegriffen. In diesen Siedlungen konnten die Bewohner mit gar nichts anderem rechnen, als mit ihrem eigenen Kampfgeist und ihrer Geschicklichkeit. Nicht einmal die Staatsführung ahnte, welche Entschlossenheit und welchen Heldenmut dieser Kampfgeist hervorrufen könnte. Die von Individuen und Kollektiven im Namen ihres neuen Staates Israel vollbrachten Taten und Opfer kann man nicht beschreiben. Wenn je ein Feind einzig am unbezwinglichen Willen eines Volkes gescheitert ist, dann die Araber hier im Jahre 1948. Und niemand ist davon ausgenommen, kein Geschlecht und keine Altersgruppe. Die Frauen kämpften selbstverständlich neben den Männern in allen Frontverbänden. Da für den Nachschub nicht genug Dienstfähige zur Verfügung standen, wurde dieser von den Kindern und Alten übernommen. Unsere Teenager, im Jugendkorps der Haganah ausgebildet, übernahmen das lebenswichtige Nachrichtenwesen. Israels Nachrichtentruppe bestand aus Vierzehn- und Fünfzehnjährigen.

Der Kibbuz Jad Mordechai mag als typisches Beispiel für den israelischen Widerstand während der ersten Tage des Unabhängigkeitskrieges gelten. Dieser Kibbuz befand sich unmittelbar am Gazastreifen und gehörte zu den ersten Plätzen, die der geballten Kraft eines ägyptischen Angriffs von Panzern und Infanterie ausgesetzt waren. Wie die Juden es fertiggebracht haben, ahne ich nicht, aber sie warfen die Ägypter wieder und wieder zurück mit Gewehren, selbstgemachten Sprengkörpern, Traktoren, Mistgabeln, Steinen, kurz allem, was ihnen in die Hände kam. Als die Hauptgebäude, die von den Einkünften vieler Jahre erbaut waren, ausbrannten, wichen sie in die Scheunen zurück, verteidigten jeden Meter, jede Mauer, jede Ruine. Schließlich fiel Jad Mordechai, doch sein Widerstand hatte den gesamten Aufmarschplan der Ägypter umgeworfen. Eine Operation, die auf eine Stunde angesetzt war, nämlich die Festnahme einiger Zivilisten durch eine motorisierte Truppe, hatte sechs Tage gedauert und die Ägypter gleich an der Grenze Israels zum Halten gebracht. Das ist typisch für die Art des Widerstandes, auf den die Araber überall stießen. Sie besaßen den Stahl und die Zahl. Wir besaßen nur den unzerstörbaren Willen, nicht zu weichen.

Die Bevölkerung im allgemeinen hatte sich hauptsächlich mit der Isolierung und dem Mangel an Waffen auseinanderzusetzen; wir, beim Stab (ich hatte die Verantwortung für die militärischen Operationen übernommen) wurden noch von andersgearteten Schwierigkeiten geplagt.

Zunächst einmal mußten wir anders denken lernen – hier handelte es sich nicht mehr um die gewohnten

›Feuerwehreinsätze‹ im örtlichen Maßstab, sondern um einen nationalen Abwehrkrieg an mehreren Fronten. Bislang hatten wir niemals mit größeren Verbänden operiert, nicht einmal mit einer Brigade, sondern immer nur mit kleineren Einheiten, die bestimmte Objekte schützten oder bestimmte Unternehmen auszuführen hatten, etwa wie der Vorstoß des Palmach nach Jerusalem.

Es war nun erforderlich, jede Einzelaktion in einen viel größeren Zusammenhang zu stellen. Wir durften uns nicht hier und dort mit dem Schutz dieser und jener Siedlung verzetteln. Wir durften nicht einmal wagen, unsere winzigen Reserven zur Entsetzung der Altstadt von Jerusalem zu verwenden, obschon eine solche Aktion sehr populär gewesen wäre. Ich sagte zu meinen schleunigst ernannten Stabsoffizieren: »Wir müssen unsere Kräfte zusammenhalten und planmäßig gegen den Feind einsetzen. Um die feindliche Kriegsmaschine zu zerschlagen, müssen wir zum Gegenangriff übergehen, und zwar müssen wir den Feind nicht nur in den von ihm besetzten Teilen Israels treffen, sondern auf seinem eigenen Gebiet. Wir müssen den Krieg in seine Länder tragen.« Das war leichter gesagt als getan. Zuvor mußten gewisse administrative Hindernisse daheim und in der militärischen Führung ausgeräumt werden.

Der Mensch gewöhnt sich nicht so leicht daran, plötzlich einer Nation anzugehören, schon gar nicht mitten im Kriege. In unserem neugeschaffenen Staat fiel es sogar einigen der Führer schwer, zu begreifen, daß sie nicht mehr eine Gewerkschaft vertraten oder eine Gruppe Untergrundkämpfer oder eine politische Partei, sondern daß sie die Hände am Ruder eines Staatsschiffes hatten. Diejenigen, die ihr Denken der neuen Lage angepaßt hatten, wußten, daß es darauf ankam, moderne Waffen ins Land zu bringen, je schwerer desto besser. Doch manche Kollegen wollten für solche schweren Waffen kein Geld bewilligen. »Was wollt ihr nur mit Panzern, Kanonen und Bombern?« höre ich noch einen Minister fragen, als die Ägypter Galiläa bedrohten und den Negev bereits abgeschnitten hatten. Und ein anderer fand es ›beunruhigend‹, daß Israel eine eigene Polizeitruppe haben sollte.

Staat ist Staat, und insbesondere ein so heimgesuchter Staat wie Israel braucht dringend die Organe der äußeren und inneren Sicherheit mitsamt allen ihren modernen Hilfsmitteln, auch wenn wir letzten Endes allesamt nach Frieden und Verbrüderung strebten. Ich kann aber mit Stolz darauf verweisen, daß die Ereignisse unsere nationale Demokratie niemals beeinträchtigt haben. Israel ist seinen Grundsätzen der repräsentativen Regierung, des unabhängigen Gerichtswesens (der Garant einer jeden Demokratie), der uneingeschränkten Bürgerrechte für alle, der Meinungs- und Pressefreiheit, der ungehinderten Religionsausübung und dem Glauben an die Würde des Menschen immer treu geblieben. Auch in unseren dunkelsten Augenblicken ist nie der Versuch gemacht worden, diese Freiheiten zu beschneiden, und die junge Regierung mußte sich oft genug mit dem Widerspruch einer politischen Minderheit befassen, während sie den äußeren Feind bekämpfte.

Unser Militärwesen war 1948 ebenfalls laienhaft organisiert, man war zwar heroisch, doch fehlte es an Disziplin und Zusammenhalt. Falls wir durchhalten wollten, mußte die Hierarchie des Kommandos un-

mißverständlich durchgesetzt werden, und das war bei einer Truppe, die immer spontan und in kleinsten Gruppen gekämpft hatte, schwer zu erreichen.
Da die Juden nun einmal Individualisten sind, hatten große Teile der Haganah, die Palmacheinheiten und mehrere Privatarmeen, die unter ihrem eigenen Kommando Krieg führten, keine rechte Vorstellung davon, daß es erforderlich ist, den Weisungen eines Oberkommandos zu folgen, das das Gesamtbild vor Augen hat. »Wieso glauben die, sie könnten uns sagen, was wir machen sollen?« fragte so mancher Truppenkommandeur, und häufig befolgte man die Befehle aus Tel Aviv nicht, taten die Fronteinheiten, was sie für richtig hielten. Insbesondere der Palmach glaubte, ganz auf eigenen Füßen zu stehen und nur den eigenen Führern verantwortlich zu sein. Während der zweiten Waffenruhe im Jahre 1948, als wir schon stärker waren, die Lage besser beherrschten und sogar hoffen konnten, den Krieg zu gewinnen, mußte ich den Palmach auflösen, weil es unerläßlich war, ihn in die Armee zu integrieren. Die Zentralisierung des Kommandos war so vordringlich, daß ich einen Vorfall während der ersten Waffenruhe im Juni 1948 zum Anlaß nahm, sie herbeizuführen. Die Privatarmee des Irgun Zwa'i Le'umi (abgekürzt nach den hebräischen Anfangsbuchstaben Ezel), die den Revisionisten affiliiert war, insgesamt etwa 3000 Mann, war das Ziel meines Eingriffes, der beweisen mußte, ob die Regierung imstande war, den Staat wirklich zu führen.
Als die UN diese erste Waffenruhe zwischen uns und den Arabern im Juni 1948 aushandelte, erklärten beide Seiten sich bereit, während des auf vier Wochen befristeten Waffenstillstandes nicht zu rüsten. Für uns

war dieses Verbot viel schädlicher als für die Araber, denn deren nicht kämpfende Verbündete wie z. B. Saudi-Arabien konnten Waffen anhäufen und sie nach Wiedereröffnung der Feindseligkeiten sofort in das Kampfgebiet schicken. Wir jedoch hatten diese Möglichkeit nicht und brauchten doch so dringend Nachschub an Waffen. Ich wußte aber, die Einhaltung dieser Zusage stellte uns auf eine Probe. Waren wir reif genug, eine Nation zu sein, uns in die Familie der zivilisierten Nationen einzureihen? Falls das so war, würden wir die Kraft aufbringen, der Versuchung zu widerstehen, unser Wort zu brechen, das wir gegeben hatten. Damals kam es sehr darauf an, das Vertrauen der Vereinten Nationen durch unbezweifelbare Aufrichtigkeit zu erhalten. Ich wußte auch, daß wichtiger noch als Waffen die Zusammenfassung unserer Streitkräfte zu einer Einheit war, die wirklich im nationalen Rahmen funktionierte, sowohl strategisch als auch in der zwecks Durchsetzung dieser Strategie anzuwendenden Kraftentfaltung.

Während der Waffenruhe fand eine intensive Ausbildung mit den vorhandenen Waffen statt, und wir arbeiteten pausenlos an der Reparatur allen nur irgendwie reparierbaren Materials. Doch versagten wir uns, auch nur jene Waffen ins Land zu bringen, die bereits vor der Waffenruhe gekauft, bezahlt und auf dem Wege waren.

Der Irgun widerstrebte diesem Vorgehen auf das heftigste. Man erwartete eine Waffenlieferung aus der Tschechoslowakei an Bord der *Altalena* und kündigte an, man werde unter Mißachtung der Weisung der Regierung die *Altalena* entladen und die Waffen heimlich an Land bringen.

Ich beschloß, nunmehr die Probe aufs Exempel zu machen. Entweder setzte die Regierung sich durch und konnte sodann mit der Konsolidierung der militärischen Streitkräfte beginnen, oder das gesamte Konzept einer jüdischen Nation würde zerfallen. Auch diese Auffassung mußte den Führern mühsam klargemacht werden. Es war keine Zeit, detaillierte Erörterungen anzustellen. Ich wußte: mit laienhaftem Heroismus werden wir die Araber nie aufhalten können, einerlei, wie bewundernswert das individuelle Heldenstück oder Opfer im Einzelfall sein mochte. Hier stand die Nation auf dem Spiel. Nicht ein Farmhaus, eine Straße oder eine Stadt, sondern die Nation. Und auf diesen Standpunkt stellte ich mich denn auch unerschütterlich.

Als die *Altalena* einlief und entgegen unmißverständlichen Weisungen der Regierung Waffen an Land geschmuggelt wurden, befahl ich der Armee, auf das Schiff zu schießen. Juden sollten auf Juden schießen inmitten eines Krieges auf Leben und Tod gegen die gesamte arabische Welt. Würde die Armee mir gehorchen oder würde es zum Chaos kommen?

Meine Befehle wurden ausgeführt. Das Entladen der von uns so dringend benötigten Waffen hörte auf. Der Irgun und sämtliche bewaffneten Streitkräfte mußten einsehen, daß die veränderten Zeitläufte eine Unterordnung unter den nationalen Willen verlangten, wie er durch jene ausgedrückt wurde, welche vom Volk bestimmt worden waren zu führen und das Militär zu befehligen.

Dieser Zwischenfall führte fast zum Bürgerkrieg unter den Juden. In den Augen der Welt allerdings hatten wir uns als Nation erwiesen. Als der Qualm sich verzog und die Empörung sich legte, stellte sich die Bevölkerung hinter die Regierung. Die Tage der Privatarmeen waren vorüber, und wie jeder andere gut organisierte Staat besaßen nun auch wir ein der Regierung verantwortliches Oberkommando. Nachdem dies erreicht war, begannen wir mit der Koordinierung unserer Bemühungen, die uns im Laufe eines Jahres einen über alles Erwarten großen Sieg brachten.

Demokratie und Militär heute

(Der Frieden, den Israel 1949 zum erstenmal kennenlernte, war sehr unsicher, unterbrochen von Überfällen der Fedajin, belastet mit einem Wirtschaftsboykott und stets bedroht von den Feinden ringsumher – an manchen Stellen war Israel keine 20 Meilen breit! Von 1949 bis zum Sinaifeldzug 1956 fielen über 1250 Israelis örtlichen Überfällen und Angriffen der Terroristen zum Opfer. Die Zahl der Verwundeten betrug ein Vielfaches. Immerhin, das Land als Ganzes hatte doch eine Atempause, man fand Zeit, die benötigten nationalen Einrichtungen zu schaffen, Energien zu sammeln und eine moderne Verteidigungsstreitmacht aufzubauen.)

Man fragt mich oft, ob ich nicht befürchte, die Demokratie könnte in Israel versagen, weil militärische Angelegenheiten eine so ungewöhnlich große Rolle in unserem öffentlichen Leben spielen. Ich halte das für ganz unvorstellbar und will auch sagen, warum. Ich habe schon versucht zu zeigen, daß alles Militaristische uns ganz fremd ist. Und ebenso sind wir weit von jeglicher totalitären Auffassung entfernt. Wo zwei Juden sind, da gibt es auch schon eine politische Debatte, und wo zwei Israelis zusammenkommen, da sind bereits zwei rivalisierende politische Parteien entstanden. Die Streitlust, deren Zeuge ich wurde, kaum daß ich in Jaffa den Fuß zum erstenmal an Land setzte, ist im politischen Leben Israels heute noch ebenso verbreitet wie damals. Kein mir bekanntes Volk hat weniger Talent, sich einer Diktatur zu beugen, als die Juden, insbesondere die Israelis.

Ein Blick auf unser Verteidigungssystem, die am besten disziplinierte Einrichtung im Lande, zeigt, wie sehr wir unsere Existenz auf Demokratie begründen und auf den allgemeinen Konsensus, den nur diese Art der Regierung hervorbringen kann. Der Judaismus fördert seit je demokratisches gesellschaftliches Verhalten, indem er die Selbstdisziplin des einzelnen stärkt, und zwar nicht durch von außen gesetzte Verbote, sondern durch die Erweckung des eigenen Gewissens. Der Beitrag des Individuums gilt in der Gruppe als freiwillig geleistet und wird dem Individuum voll zugerechnet. Nach diesem Konzept verfahren wir heute in den Streitkräften und dies, glaube ich, erklärt deren außergewöhnliche Moral. Im Kern ist das eine demokratische Moral, wenn sie auch von der militärischen Disziplin Gebrauch macht. Disziplin ist ganz gewiß vorhanden, und doch rufen sich Offiziere und Mannschaften beim Vornamen, gehen nach dem Dienst miteinander aus, leben unter den gleichen Bedingungen, tragen bis auf kleine Rangabzeichen die genau gleiche Uniform und führen im großen und ganzen das gleiche Leben. Wer versuchen wollte, sie zum klassischen preußischen Konzept des: ›Befehl ist Befehl‹ zu bekehren, zu dem: ›Sie haben hier nicht zu denken‹, oder auch zu der allen europäischen Armeen gemeinsamen Maxime: ›Nur nie sich freiwillig zu etwas melden‹, der würde ausgelacht werden. Ungehorsam kommt so gut wie nie vor, doch wird nicht aus Angst vor dem Kriegsgericht gehorcht, sondern weil man weiß, der Kommandeur ist imstande, die Lage richtig zu beurteilen. Man weiß genau, er oder sie sind ausgewählt, einzig und allein, weil sie über militärische Führerqualitäten verfügen, und sie sind dann noch eigens darin geschult worden. Eine erhebliche Zahl unserer Offiziere sind auf Grund ihrer Frontbewährung ausgesucht worden.

Ich möchte sagen, die Israelischen Verteidigungsstreitkräfte bedrohen nicht nur nicht unsere innere Freiheit, sondern sie tragen aktiv dazu bei, daß diese nicht beeinträchtigt wird. Hierin ebenso wie im täglichen Dienstablauf ist unser Militär einzigartig in der Welt. Unser Heer, unsere Marine und Luftwaffe – die unter einheitlichem Kommando stehen, so daß es die andernorts üblichen Rivalitäten nicht gibt, die ja reine Kraftverschwendung sind – diese Wehrmachtsteile also sind im Grunde freiwillige Zusammenschlüsse von Bürgern, die eindeutig aufs Zivilleben orientiert sind. Vorübergehend, und weil das Land sie unbedingt braucht, haben sie sich zum Schutz der Nation zur Verfügung gestellt. Selbstverständlich haben wir die Wehrpflicht und Vorschriften, nach denen der Dienst der jungen Leute geregelt ist. Doch diese Maßnahmen wurden getroffen und werden aufrechterhalten durch ein vom Parlament gebilligtes Gesetz unter Zustimmung der Mehrheit wie in anderen Ländern auch. Die große Zahl von Freiwilligen bei unseren Fallschirmjägern, unseren vormilitärischen Jugendgruppen und den Spezialeinheiten – eine davon, Nachal, werde ich später noch beschreiben – läßt aber erkennen, wie willig unsere jungen Männer und Frauen Verantwortung für die Nation auf sich nehmen. Die auffallend geringe Zahl von Übertretungen und Verstößen gegen die Disziplin, die sich unsere jungen Leute zuschulden kommen lassen, spricht ebenfalls für allgemein verbreiteten guten Willen.

Für sich betrachtet sind solche Merkmale begrüßenswert, doch nicht ganz überraschend. Keine größere Siedlung im Lande liegt weiter als zehn Minuten Düsenbomberflug von der nächsten feindlichen Grenze entfernt. Die Bürger unterstützen das Militär vorbehaltlos darum, weil ein jeder sich der Anwesenheit des Feindes nur allzu deutlich bewußt ist.

Die Orientierung auf das Zivilleben, die selbst bei den höchsten Offizieren festzustellen ist, ist nach meiner Ansicht allerdings eine ganz besondere Eigenart unserer Streitkräfte, die man bei anderen derartigen Einrichtungen nicht antrifft.

Wenn ich sage, sie sind auf das Zivilleben hin orientiert, dann meine ich damit nicht, daß es ihnen an militärischer Tüchtigkeit fehlt. Wer das Heer beim Exerzieren, Marine oder Luftwaffe beim Manöver beobachtet, der wird feststellen müssen, daß auch in den herkömmlichen militärischen Fertigkeiten ein sehr hoher Standard erreicht ist, und ich möchte diejenige europäische Armee sehen, die uns auf irgendeinem Felde übertrifft! Nein. Ich meine damit, daß es die anderswo übliche, an Tradition, Kaste und Karriere orientierte Mentalität bei unseren Offizieren nicht gibt. Die Streitkräfte sind keine geschlossene Gesellschaft, keine lebenslange Sinekure, kein Sammelbekken für Leute, die nichts weiter können, als eine Uniform spazieren tragen. Ausländische Beobachter wundern sich immer wieder darüber, daß unsere höchsten Offiziere so jung sind. Traditionsgemäß (und nach zwanzig Jahren gibt es schon so etwas wie eine Tradition) ist der Chef des Stabes in den Vierzigern und nur zeitweilig im Dienst. Dies bedeutet, daß auch unsere aktiven Offiziere damit rechnen dürfen, daß sie schon sehr früh den Dienst quittieren und sich einem Zivilberuf zuwenden können. Es bedeutet ferner, daß wir keinen Führungsstab aus Konformisten haben, die unablässig die Schlachten des letzten Krieges wieder durchspielen. So etwas könnten wir in unserer Lage uns auch gar nicht leisten.

Unsere besten Offiziere sind auch als Universitätslehrer, als Advokaten, als Politiker, Diplomaten, Unternehmer, Techniker und Kibbuzniks und in allen übrigen Berufen hervorragende Menschen. Und aus den unterschiedlichsten Berufen wiederum sind die militärischen Führer Israels hervorgegangen. Das ist gewiß kein Zufall. Man darf davon ausgehen, daß in jedem israelischen Militär ein fähiger und qualifizierter Zivilist steckt. Und ich meine, dies erklärt die glänzende Erledigung der militärischen Aufgaben durch unsere Offiziere.

Hauptberuflich ist nur ein ganz kleiner Kern von Strategen und Technikern, administrativem Personal und Ausbildern in den Streitkräften tätig. Israel kann sich ein großes stehendes Heer nicht leisten, und es hat sich auch erwiesen, daß das Vorhandensein gut ausgebildeter Reservisten, zu denen fast alle wehrfähigen Männer und Frauen gehören, bessere Resultate ergibt. Jeder gesunde Israeli, bis auf ganz wenige, die aus religiösen Gründen befreit sind, hat, wenn er erwachsen wird, bereits zwei bis drei Jahre Militärdienst hinter sich; die folgenden drei Viertel seiner Zeit verbringt er sodann als Zivilist, und ein Viertel in der Reservistenausbildung. Dies bedeutet, daß zu jeder beliebigen Tages- oder Nachtstunde der Fleischer und der Bäkker, die Sekretärin und die Sprechstundenhelferin, der Farmer, der Hochschullehrer, der Verkäufer, praktisch also jedermann, zum Gewehr greift, in einen Panzer steigt oder an der Schalttafel eines elektronischen Horchgerätes sitzt und seine oder ihre militärische Aufgabe mit denkbar größter Kompetenz übernimmt. In dieser Beziehung ähneln die Israelischen Verteidigungsstreitkräfte ganz der Schweizer Armee, die ja auch Soldaten aus ihren Bürgern macht. Sie ähneln in diesem Augenblick vielleicht noch mehr jenen *Minute Men* der amerikanischen Revolution, die zum Schutz der Freiheit ihres Landes innerhalb von Sekunden das Ackergerät mit der Flinte vertauschen konnten.

In unserer Kampfbereitschaft und in unserem Erfindungsgeist gehen wir aber weiter als andere Länder. Dazu sind wir gezwungen. Zum einen kann es von einer Minute zur nächsten ernst werden. Zum anderen glauben wir daran, daß Männer und Frauen ebenbürtig sind, und wir wünschen, daß unserem Offizierskorps ständig neues Blut zugeführt wird, wobei die Voraussetzung für die Beförderung zum Offizier weder von der Klassenzugehörigkeit noch auch im engeren Sinne von der Vorbildung bestimmt wird, sondern einzig von der Leistung.

Ich beschreibe jetzt eine typische Panzerbesatzung von der Halbinsel Sinai während des Krieges 1967. Ein

Rechtsanwalt aus Tel Aviv, aus Deutschland eingewandert; ein Bäcker aus Jerusalem, geboren in Algerien; zwei Sabras, also gebürtige Israelis, einer Bankkaufmann, der andere Kibbuznik; ein kürzlich aus Saloniki zugewanderter Elektriker. Welcher von ihnen ist der Kommandant? In einer europäischen Armee wäre es der Rechtsanwalt, denn er gehört zu jener Klasse, die seit je die Reserveoffiziere gestellt hat. Vielleicht also einer der Sabras, weil er im Lande geboren ist? In diesem Fall ist es der Elektriker. Warum? Weil sein Verhalten erkennen ließ, daß er in dieser Gruppe die besten Führerqualitäten besaß. Er spricht Hebräisch mit einem Akzent, und er versteht auch die spezifisch israelischen Gebräuche noch nicht so gut wie seine einheimischen Kameraden, aber der Armee ist das einerlei, sie beurteilt ihn weder danach, noch nach seinem Zivilstatus, sondern einzig danach, welche Begabung er in der militärischen Praxis zeigt. Das Offizierspatent bringt so gut wie keine Privilegien, dafür aber große Verantwortung. Die Mehrzahl der bei der Erstürmung der Golanhöhen Gefallenen waren junge Offiziere. Das ist schlimm für alle Beteiligten, für die Armee und die Nation. Aber nun bestellen unsere Farmer in jenem Teil Israels ihre Felder nicht mehr unter den Geschützen einer syrischen Festung, sondern unter dem Schutz von Pionieren, die friedliche Siedlungen auf jenen Höhen errichten, von denen bislang eine tödliche Bedrohung jener ausging, die im Tal ihrer Arbeit nachgingen.

Die formelle Militärhierarchie ist in den IDF sehr gelockert, für den gelernten europäischen Offizier ist sie geradezu ein Skandal. Aber wir können uns das leisten, denn unsere Kommandeure sind so ausgesucht hervorragende Leute, daß sie jederzeit auf den willigen Gehorsam ihrer Untergebenen zählen können. Viel wichtiger als der Rang ist der Teamgeist. Die Chewra oder das Team, in dem die Regel: einer für alle, alle für einen gilt, ist die Kernzelle des israelischen Militärs.

Daß die IDF etwas so durch und durch Ziviles sind, hat meines Erachtens zur Folge, daß auch die militärischen Aufgaben mit viel Phantasie angepackt und auf beispielhafte Weise ausgeführt werden, weit über das hinaus, was ›die Pflicht‹ vorschriebe. Zwei Beispiele dafür:

Während des Sinaifeldzuges von 1956 war unsere Luftwaffe ziemlich unzulänglich. Es fehlte an Maschinen. Nicht aber an der Kampfmoral. Ein winziger Piper Cub lieferte einer ägyptischen MIG einen zehn Minuten dauernden Luftkampf, ehe er in Flammen aufging. Dieser Ausgang war natürlich unvermeidlich, doch daß der Ägypter sich solange mit dem Piper herumschießen mußte, ist ein Beweis für die Geschicklichkeit des israelischen Piloten. Und daß der den ungleichen Kampf aufgenommen und solange fortgeführt hat, ist ein Beispiel von Tapferkeit, vor dem man sich nur verbeugen kann, ein echter Fall von David gegen Goliath. Das Verhalten dieses Piloten war typisch.

Was Initiative betrifft, so denke ich an den glänzenden Streich, den unsere Heerespioniere 1949 den Ägyptern spielten, die den uns zugewiesenen Teil des Negev besetzt hatten. Die Pioniere, allesamt mit guten historischen Kenntnissen begabt, legten eine vergessene Römerstraße frei, auf der wir uns dem Feind unbemerkt näherten und ihn überraschten. Wir schalteten die Ägypter aus, hatten nur geringe eigene Verluste und konnten unsere magere Ausrüstung mit ihren gepanzerten Fahrzeugen aufbessern.

Unser Stab denkt ›zivilistisch‹ insofern er es ablehnt, sich der militärischen Konvention unterzuordnen. In den meisten Streitkräften wetteifern viele Offiziere mit ihren Kollegen darin, wer das bessere Sitzfleisch hat und schließlich befördert wird. Solche Offiziere haben keinen Anlaß, selbständig zu denken, und sie vermeiden alles, wodurch sie auffallen könnten. In Israel spielt die Zahl der Dienstjahre überhaupt keine Rolle, und der Generalstab ist stolz darauf, daß er militärische Probleme aus immer wechselnden Perspektiven betrachten kann.

Eine der neuesten dieser Perspektiven hat sich auch als eine der ältesten erwiesen. Unsere Strategen sind ungemein bibelfest, und sie schlagen immer wieder darin nach, wenn es sich um Fragen des Terrains oder Lektionen in Taktik handelt.

Die strategischen Schwierigkeiten, die sich einem Lande bieten, das an manchen Stellen nur 50 Meilen breit ist, haben unsere Streitkräfte zu Neuerungen auf allen Gebieten gezwungen – angefangen bei extremer Mobilität bis zur Führung von Nachschub durch unzugängliches und unbewohntes Gelände. Für die Verteidigung unter den besonderen örtlichen Umständen haben wir neues Material und neue Techniken entwikkelt. Und der Generalstab ist elastisch genug, sich solchen Neuerungen anzupassen, was nur gelingt, weil er nicht kleinlich auf seinem hierarchischen Status beharrt.

Die IDF haben unserer Industrie viele Anregungen gegeben, den Kriegsbedarf zu befriedigen. Selbstverständlich ist es bedauerlich, daß wir gezwungen waren, die örtlichen Industrien unter dem Druck des Krieges aufzubauen. Immerhin ist es Tatsache, daß wir in der Luftfahrt und in der Raketentechnik weit fortgeschritten sind. Heute reparieren wir Militär- und Zivilflugzeuge selber, stellen wir Ersatzteile für sie in unseren eigenen Fabriken her. Keine Nation unseres Alters und unserer Größe ist auch nur annähernd so unabhängig von den großen Industrienationen wie wir. Was unsere Bodentruppen an Waffen brauchen, können wir jetzt großenteils ebenfalls im Lande herstellen. Auch das verdanken wir dem Einfallsreichtum und dem Eifer, mit dem das ganze israelische Volk sich an der Landesverteidigung beteiligt.

Noch etwas zu den Frauen in unseren Streitkräften. Die Frau erfreut sich in Israel auf allen Gebieten ganz der gleichen Rechte und Pflichten wie der Mann. Von Anfang an hat sie auf der Grundlage der Gleichberechtigung am Aufbau des Landes teilgenommen. In den Tagen des Haschomer und während des Unabhängigkeitskrieges haben die Mädchen neben den Männern gekämpft, wie die Zivilisten neben den Soldaten gekämpft haben. Im Untergrund haben Frauen viele gefährliche Aufträge ausgeführt. Nicht wenige sind heldenhaft in den ausgebrannten Wracks der Palmach-Fahrzeuge an der Straße nach Jerusalem gefallen. Doch sobald als möglich haben wir die Frauen aus der vordersten Linie herausgezogen.

Sie haben bestimmte lebenswichtige Funktionen beim Militär inne. Zum ersten treten sie an die Stelle von Männern bei nichtkämpfenden Einheiten und stellen so die Männer für den Fronteinsatz frei. Zum zweiten tragen sie sehr dazu bei, die Neueinwanderinnen aus weniger entwickelten Ländern nach dem Vorbild der israelischen Frau zu formen, die unabhängig ist, auf sich selber vertraut und einen stark ausgeprägten Bürgersinn hat. Ferner dient die Anwesenheit von Frauen dazu, etwa vorhandene falsche Vorstellungen vom anderen Geschlecht zu beseitigen, die neu eingewanderte Soldaten aus anderen Kulturen und Gesellschaften mitgebracht haben mögen. Außerdem sagt man mir, daß Männer sich mehr Mühe geben und bei bestimmten körperlichen Anstrengungen besser durchhalten, wenn sie sehen, daß die Frauen durchhalten.

Eine bemerkenswerte Freiwilligeneinheit, die mit dem Militär in Verbindung steht, ist der Nachal, der entstand, als ich noch nicht lange Ministerpräsident und Verteidigungsminister war. In gewisser Weise ist er der Nachfolger des Palmach. Er wendet sich an unsere Jugend, ihren Sinn fürs Abenteuer und die Lust, für das Ganze zu handeln. Ich bin sehr nachdrücklich für den Nachal eingetreten, denn er erinnerte mich an die Pioniererlebnisse meiner eigenen Jugend. Allerdings muß ich sagen, daß ich nicht vorausgesehen habe, wie attraktiv der Nachal für die jungen Leute sein und welche Bedeutung er im Leben Israels gewinnen würde.

Der Nachal ist eine Kombination von Militärdienst und dem Pionierdasein, das für Israels Zukunft immer noch von größter Bedeutung ist, wenn wir alles Ödland fruchtbar machen wollen, das zu unserem Territorium gehört. Im Nachal gibt es nur Freiwillige. Die meisten kommen aus der Gadna, der ebenfalls aus Freiwilligen bestehenden halbmilitärischen Jugendorganisation, der die Vierzehn- bis Achtzehnjährigen beitreten können. In der Gadna wie im Nachal finden sich Jugendliche aus allen Gesellschaftsschichten. Viele sind natürlich Kibbuzniks, die schon auf das Pionierideal hin erzogen worden sind. Andere aber kommen aus den Städten, sie stammen aus wohlhabenden Familien, aber auch aus solchen, die gar nichts besitzen als den Willen, hier ein neues, erfüllteres Leben zu beginnen. Anwärter für den Nachal kommen erstmals mit siebzehn Jahren zusammen. Ein Jahr lang leben sie in Zeltlagern und beteiligen sich an militärischen Manövern. Werden sie dienstpflichtig, dann entscheiden er oder sie ganz allein, ob sie im Nachal bleiben wollen oder nicht. Jeder Kandidat kennt jetzt bereits die Gruppe, in der er oder sie leben werden, wenn sie sich für den Nachal entscheiden, und geht dann gegebenenfalls mit der gesamten Gruppe als Team in die militärische Ausbildung. Das Team verrichtet nun abwechselnd militärische Ausbildung und Arbeit im Kibbuz. Beim Militär werden diese jungen Leute einer sehr fortschrittlichen, sehr spezialisierten Kommandoausbildung unterzogen, und im Kibbuz lernen sie alles, von der Landwirtschaft bis zur Verwaltung eines Siedlerkollektivs. Sodann tritt das Team, immer noch dem Militär unterstehend, einem Grenzkibbuz bei oder es gründet einen eigenen Kibbuz in einer Gegend, die so exponiert, gefährdet oder unwirtlich ist, daß Zivilisten sich dort nicht ansiedeln können.

Nach drei Jahren bekommt die Gruppe wieder den Zivilstatus, und die Mitglieder dürfen nach Hause gehen. Die meisten bleiben aber freiwillig, und so beginnt eine neue israelische Siedlung ihr autonomes Dasein. Die Kibbuzim des Nachal werden von gut integrierten, eng zusammenhaltenden Gruppen bewohnt, die vorzüglich für den Selbstschutz ausgerüstet und ausgebildet sind. Es hat sich im Laufe der Zeit erwiesen, daß wir dem Nachal erstklassige Farmer und Soldaten verdanken. Im Sinaifeldzug und im Sechstagekrieg haben sie sich blendend geschlagen. Die Freiwilligen des Nachal sind für mich das schönste Beispiel einer von Verantwortung erfüllten Jugend. Sie sind es, die dafür sorgen werden, daß es auch künftig Pioniere gibt in Israel, und daß das, was heute Wüste ist, ein blühender Garten wird.

Als Ministerpräsident, der auch das Verteidigungsministerium inne hatte, habe ich regelmäßig die Truppe im Felde besucht. Nicht nur, weil ich glaubte, die Situation auch einmal mit ihren Augen betrachten zu müssen, sondern auch, weil der Kontakt mit diesen wunderbaren jungen Leuten mir Einblick verschaffte in jenes Israel, das im Entstehen begriffen war und um das ich mich mein Leben lang bemüht hatte. Hier war wirklich die Zukunft. Diese jungen Leute wurden nach etwa einem Jahr Militärdienst echte Israelis, ganz neue Wesen, die sich völlig von ihren Eltern und von den Pionieren meiner eigenen Zeit unterschieden.

Dank der Anpassungsfähigkeit der Jugend wirkten sie, als seien sie dieser Erde entwachsen, auch wenn sie erst kürzlich eingewandert waren. Sie gehörten dem Nahen Osten, ihre Mentalität war anders als die der Europäer, der Amerikaner, der Südafrikaner, der Gettobewohner unterentwickelter Gebiete oder wo sie nun schon hergekommen sein mochten. Den IDF ist es gelungen, eine neue Jugend hervorzubringen, in der Stolz auf das Alte sich verbindet mit einem gesunden Selbstgefühl, und diese Verbindung ergibt einen Typ, der viel mehr Ähnlichkeit mit dem Landesbewohner aus biblischer Zeit hat als mit dem Juden der Diaspora.

Weil wir notgedrungen Männer bis zum 49. und Frauen bis zum 34. Lebensjahr dienstpflichtig machen mußten, finden sich in unseren Truppenteilen viele Neueinwanderer von unterschiedlichstem Herkommen. Vor allem aus diesem Grunde erscheint mir die Leistung der Armee so außerordentlich, denn sie ist das Übungsfeld für die Integration dieser Bürger in das nationale Gemeinwesen. Die Streitkräfte sind eine Lehranstalt und sorgen dafür, daß der Dienstpflichtige nicht nur mit einer militärischen Ausbildung ausscheidet, sondern daß er Hebräisch spricht, die Bibel, die israelische und die Weltgeschichte kennt, und daß er Kenntnisse in Geographie, Mathematik und Staatsbürgerkunde hat, die dem allgemeinen Bildungsstand entsprechen. Beim Militär wird überhaupt kein Unterschied gemacht zwischen Sabras und Einwanderern, die im Zivilleben bedauerlicher-, aber unvermeidlicherweise durch alle möglichen Barrieren voneinander getrennt sein mögen. Dank der Indoktrinierung während seiner Dienstzeit kann auch ein feudal denkender junger Analphabet, für den Frauen Sklavinnen sind, die im Haus eingesperrt zu leben haben, seine Denkweise so ändern, daß er ins 20. Jahrhundert und in eine sehr moderne Gesellschaft paßt. Ich wiederhole daher, daß, auch wenn morgen der ewige Friede verkündet würde und wir alle unbedenklich die Uniform wegwerfen und die Waffen verschrotten könnten, sogleich eine auf den Frieden ausgerichtete Institution an die Stelle der IDF treten müßte, die die gleiche Aufgabe des Schmelztiegels und der Erziehung übernehmen könnte, so daß die jüngere Generation nicht auf jene unvergeßlichen Erfahrungen verzichten muß, die ihr dort zuteil werden.

Dieser Überblick über das israelische Militär und die Rolle, die es in unserem Leben spielt, müßte eigentlich klarmachen, daß diese besondere Handhabung der Verteidigung nicht zu einer Bedrohung unserer Demokratie führen kann.

Ganz abgesehen von allem anderen ist die IDF in sehr hohem Maße auf Übereinstimmung angewiesen. Diese kommt nur freiwillig und in demokratischer Weise zustande, wo nicht Dienstanweisungen oder Verordnungen die Grundlage der Autorität bilden, sondern der Wunsch, etwas zu leisten und einem Vorbild nachzueifern. Eine Freiwilligeneinheit wie der Nachal kann nur allein und häufig genug im Angesicht des Feindes bestehen, wenn sich einer dem anderen gleich fühlt und alle der Sache völlig ergeben sind. Ein solcher Geist lebt von Demokratie, und die Demokratie wiederum lebt von solchem Geist. Nein, unsere Streitkräfte sind bürgerliche Streitkräfte, und mit jeder Äußerung zeugen sie dafür, daß hier Individuen willig um des höheren Zweckes willen dienen.

Die Israelischen Verteidigungsstreitkräfte (IDF) haben sich, wie jedermann weiß, vortrefflich geschlagen. Ferner haben sie bei der Integrierung unterschiedlichster Einwanderer in unsere Gemeinschaft Hervorragendes geleistet. Sie haben Tausende von jungen Männern und Frauen zum Leben in Pioniersiedlungen verholfen. Sie haben sich glänzend bewährt als Instrument der Erziehung. Daß sie aus demokratischem Geiste geboren sind, wird weiter dadurch erhärtet, daß Israel wohl das einzige Land im Nahen Osten ist, wo das Militär auch nicht die geringste Rolle in der Politik spielt. Hier fällt es geradezu durch Nichtvorhandensein auf, was beweist, daß die IDF sich einzig als ein Instrument der Staatsführung und der gewählten Volksvertreter verstehen. Für Bürger alter, stabiler Demokratien ist das weiter nicht aufregend, doch scheint es mir, ebenso wie die Demokratie selber, für einen jungen, in Wirren entstandenen und von Feinden umgebenen Staat doch eine beachtliche Leistung. Als Ministerpräsident habe ich mit Repräsentanten vieler Länder zu tun gehabt, und ich weiß, wie beeindruckt sie von den Leistungen waren, die Israel in seinem kurzen Dasein als Staat bereits erbracht hatte. Man bewunderte Israels kreativen Schwung, seine Seelenstärke, die wissenschaftlichen Fortschritte und solche originellen Kollektive wie die Kibbuzim und die Moschav-Kooperative. Man äußerte sich beeindruckt über die einzigartige Struktur unserer Gewerkschaftsbewegung und das Funktionieren der Kooperative auf den Gebieten des Wohnungsbaus, des Straßenbaus, des Gesundheitswesens, ja sogar des Bankwesens, abgesehen von den üblicheren Einrichtungen der Konsumkooperative und der Vermarktungsgenossenschaft. Diese neuen, originellen gesellschaftlichen Einrichtungen sind verlockend für so manche Nation in Asien und Afrika, und wir haben uns bemüht, sie in diese Dinge einzuführen. Am meisten waren die Besucher aber immer wieder von unseren militärischen Leistungen beeindruckt. Manche kamen ausschließlich, um zu sehen, was das eigentlich für Leute sind, die gegen solche Übermacht standhalten konnten. Sie begriffen, daß der Geist der Kooperative, den sie bei anderen Einrichtungen bemerkt hatten, auch in den Streitkräften weit verbreitet ist. Und sie sagten mir, daß sie fänden, die IDF seien unlösbar an den Geist gebunden, der unseren Staat aufgebaut und diese

neuen Formen menschlichen Zusammenlebens entwikkelt hat.
Eben weil das Militär aus dem Staat hervorgegangen ist und weil es nicht als Instrument der Aggression, sondern nur der Verteidigung unser aller Bestes verkörpert, eben darum sage ich, daß es unsere Demokratie niemals bedrohen, sondern immer nur stützen wird.

Unser Mandat ist die Bibel

(Dies hat David Ben Gurion der British Royal Commission von 1936 gesagt. Die Kommission untersuchte unter dem Vorsitz von Lord Peel die wachsenden Spannungen in jenem unfruchtbaren kleinen Land aus Geröll, Sanddünen, Salzmarschen und Wüste, das die Römer in Palästina umgetauft hatten, um hinfort die Erinnerung an ein Volk auszulöschen, das ihnen schwere Verluste zugefügt hatte und das sie nur nach einem beschämend langen Kampf besiegen konnten.
Lord Peel und seine Kollegen prüften einerseits die Lage von 800 000 Arabern, die dort seit Jahrhunderten als von Armut und Krankheit geplagte Analphabeten lebten. Der Mufti von Jerusalem, ihr geistiges Oberhaupt, forderte sie seit kurzem immer wieder auf, ihr Heil in der Gewalt zu suchen.
Andererseits hatte die Kommission die Lage von 650 000 Menschen zu untersuchen, welche die Stelle der ältesten Bewohner dieses Landes einnahmen. Einige konnten nachweisen, daß ihre Vorfahren seit viertausend Jahren dort ansässig gewesen waren. Die meisten allerdings waren erst kürzlich zurückgekehrt, dem Gebot eines immer wiederkehrenden Traumes fol-

gend. Diese Menschen benahmen sich friedlich und forderten darum die Verachtung der Araber heraus. Eine abfällig gemeinte Äußerung der Araber besagte, die Juden seien dabei, »Bäume und Vögel ins Land zu bringen«.

Ben Gurions Ausspruch, die Bibel sei ein Mandat, entspricht jenem Konzept, welches das Leben der Juden in der Zeit der Zerstreuung durchdrungen hat. Beinahe neunzehnhundert Jahre lang waren die Juden machtlos, waren sie unfähig gewesen, etwas gegen die Kriegsstürme und die Dürre der Stagnation zu unternehmen, die abwechselnd über diesen Kreuzweg der Menschheitsgeschichte hinwegfegten. Aber immer noch glaubten sie, daß hier das gelobte Land sei. So beteten sie denn und hofften und warteten untätig auf einen Messias, der sie dort hinführen sollte. Ihre massenhafte Rückkehr wurde dann nicht von einem Messias bewirkt, sondern durch den Positivismus des 19. Jahrhunderts im Verein mit der biblischen Bestätigung, das Land Israel sei seit je der geschichtliche Wohnort der Juden gewesen. Dort angekommen, versuchten sie, die im Exil verlorene Zeit aufzuholen, indem sie Steine ausgruben, Salz wegsprengten, Malariasümpfe trockenlegten, Ödland bewässerten und ganz allgemein dem Gebot der Propheten folgten, »die Erde erblühen zu lassen wie Rosen«. Die im Lande geborene Generation nimmt für selbstverständlich, daß Arbeit und Geschichte ihr ein Recht auf das Land geben. Sie fühlt sich der fernen Vergangenheit der Könige viel näher als der Zeit des Exils. In der Schule hält sie die Weisheiten Jeremias für ebenso zeitgerecht wie die jungen Amerikaner die Äußerungen Abraham Lincolns. Die theologischen Feinheiten des Talmud kommen ihr sehr abseitig vor. Daß die Königliche Kommission die Besiedlung durch Juden als Tatsache anerkannte, wird durch ihren Bericht bestätigt, in welchem sie die Balfour-Deklaration von 1917 ausdrücklich aufrecht hält und einer sich sträubenden englischen Regierung deutlich macht, daß die Juden in ihrem angestammten Land ein Recht auf einen eigenen, unabhängigen Staat haben. 1936 hatten die Juden schwerwiegende Beweise dafür, daß sie ihren Teil von Israel zu Recht forderten, doch die historische Begründung ihrer Anwesenheit war und ist ebenso bedeutend.

Ausgrabungen aus unserem Jahrhundert zeigen, daß die Juden und die Chinesen die ältesten Träger einer menschlichen Zivilisation sind, die mit einer intakten Sprache und kulturellen Überlieferungen bis auf unsere Tage gekommen ist. Der Judaismus, einer der Grundsteine westlicher Ethik, besteht aus drei untereinander verwandten Elementen: Der Glaube an einen einzigen allmächtigen Gott, womit die Juden das erste monotheistische Volk in der Geschichte sind; ein Stück Erde, das ausschließlich als das Erbteil der Juden bezeichnet wird; und ein heiliges Buch, das sowohl den Glauben an wie den Aufenthalt in Israel verzeichnet, dergestalt den territorialen Zusammenhang befestigend.

Die Thora nimmt – wie die moderne Archäologie belegt – gegen das Jahr 1900 v. Chr. das Epos jenes Volkes auf, das viel später – zur Zeit des Königreiches Juda – als die Juden bekannt wurde. Ihr Auftreten auf der Bühne der Geschichte fällt zusammen mit dem der ersten bekannten chinesischen Dynastie, jener der Hsiah-Könige. Die Thora erzählt von dem Nomaden

Abram aus Haran in Mesopotamien, der ein ›Hebräer‹ wird, indem er auf das weniger zivilisierte Westufer des Euphrat übersetzt. Nun verfolgt sie seine Wanderungen südwärts, durch die Berge von Zion und die wilde Wüste Negev in die spärlich besiedelten, abseits gelegenen Regionen von Kanaan. Hier predigt er als der ›Erwählte Gottes‹ die Lehre vom allgegenwärtigen Allmächtigen. Und hier verkündet er auch, wie die Thora berichtet, daß Kanaan die Wohnstatt seiner Nachkommen sein soll, des hebräischen Volkes, die es als das Land Israel weihen sollen, als das Land derer, ›Für die Gott streitet‹. Die hebräische Tradition und Israel stehen also von Anfang an in einer symbolischen Beziehung zueinander, welche für beide Früchte trägt. Seither ist das Band zwischen den Juden und diesem Land niemals gerissen.

Überdies sind die Juden seit den Zeiten Josuas im 14. Jahrhundert v. Chr. die ersten Bewohner von Kanaan-Israel, die in diesem Land gedeihen und die ihrerseits das Land zum Blühen bringen. Hier wird die Bibel ausführlich. Ihre ethischen Gebote bleiben zwar universell, doch erzählt sie ganz speziell die Geschichte eines bestimmten Volkes, und sie verknüpft dessen Schicksal unauflöslich mit einem Berggipfel, einer Wüste, einer Hauptstadt, einer Geographie. Diese geographische Verankerung verleiht, eben weil sie so konkret ist, den spirituellen Idealen Substanz und somit den Juden die Kraft des Geistes und des Gefühls, die notwendig ist, wenn sie als Volk das Exil überleben sollen. Man kann also letzten Endes die Bibel für die Anwesenheit der Juden im heutigen Israel verantwortlich machen. Und in dieser Hinsicht ist sie eben ein Mandat. Nichts veranschaulicht besser den unzer-

störbaren Glauben an die von der Bibel verheißene Wiedergewinnung des Heils durch Rückkehr in die Heimat, als jener traditionelle Segensspruch, den die Juden während ihrer unendlichen Wanderungen aussprachen, sei es im Exil von Babylon, in der römischen Sklaverei, unter der Inquisition in Toledo, in Lublin, unter dem Terror der Kosaken, oder vor 25 Jahren in Sobibor, Belzec, Chelmno, Majdanek, Auschwitz und den anderen Lagern: »Nächstes Jahr in Jerusalem!«)

Von wann kann man die Rückkehr der Juden nach Israel datieren? Gewiß nicht vom 14. Mai 1948, unserem offiziellen Unabhängigkeitstag. Es sind zwar danach noch Schlachten um die Erhaltung unseres Staates geschlagen worden, doch wurde an jenem Tage eigentlich nur ein bereits eingetretener Sachverhalt bestätigt. Sollte man vielleicht in der Balfour-Deklaration den entscheidenden Einschnitt sehen? Wohl nicht, denn Balfour bezog sich ja gerade auf die sichtbaren Resultate von fünfzig Jahren jüdischer Bemühungen, ein Land zu besiedeln und zu erschließen, das damals wüst und leer war. 1917 waren die Juden hier bereits ein nicht mehr außer acht zu lassender Faktor, man muß also noch weiter zurückgehen. Sollte man als Datum der Rückkehr etwa den im Jahre 1870 erfolgten Bau der ersten modernen jüdischen Einrichtung nehmen, der Landwirtschaftsschule in Mikweh bei Jaffa? Was hat aber zur Errichtung dieser Schule mitten im Unland geführt? Was hat die erste Welle der Einwanderer, allesamt Sozialisten, bewogen, sich die Bilu Aliyah zu nennen, wobei Bilu eine Zusammenstellung der Anfangsbuchstaben des hebräischen Satzes aus der Bibel ist: »Haus Ja'akov, kommt, wir wollen gehen«?

Immer war es der gleiche Traum, die gleiche Sehnsucht nach jenem einzigen Flecken Erde, den die Juden ihre Heimat nennen. Aber die Bilu-Pioniere, so bedeutend sie auch in der neuesten Geschichte sind, waren doch weder die ersten noch die einzigen Juden hier. Etwa zwölftausend Juden haben hier stets und ständig stellvertretend für uns alle gelebt.

Die erste Aliyah kam in ein menschenleeres, hier und dort mit elenden Hütten bebautes Land. Jerusalem war ein verfallendes Dorf, wo Slums mit vernachlässigten Denkmälern abwechselten. Die Erde Palästinas trug so gut wie nichts, und seine Bewohner waren in der Hauptsache wandernde Stämme, die, ohne Grenzen zu beachten, die verödeten Teile des Nahen Ostens durchzogen.

Herman Melville, der amerikanische Schriftsteller, der bei einer Reise durch diese Gegend die Ausschiffung von Bilu-Siedlern in Jaffa beobachtete, schreibt darüber: »Hier herrscht trostlose Öde und völlige Verlassenheit . . . , kein anderes Land hätte die romantischen Erwartungen der Juden schneller zunichte machen können . . . In der Leere von Jerusalems abgestorbener Vergangenheit werden sich die Juden wie Fliegen fühlen, die einen Totenschädel zur Wohnstatt gewählt haben.« Schade, daß Mr. Melville nicht heute nach Jerusalem kommen kann.

Die Siedler der siebziger und achtziger Jahre stießen hier, wie ich schon sagte, auf einen Kern von Juden, die im Laufe der Jahrhunderte hergekommen waren. Manche waren seit je hier ansässig, andere waren im 16. Jahrhundert mit Joseph Karo und Isaac Luria gekommen, die im Gebirgsort Safed ein Zentrum der Mystiker gründeten. Wieder andere, die Masoreten und die Gelehrten von Tiberias, waren im 9. und im 10. Jahrhundert zurückgewandert. Und schon früher hatte das Lehrhaus von Javne dafür gesorgt, daß den Juden Israel nicht aus dem Gedächtnis kam. Wann immer das jüdische Volk verzweifelte oder als Ganzes auseinanderzufallen drohte, wurde es davor bewahrt durch das Band, das es an dieses reale Stück Erde fesselte, und durch die Wechselwirkung zwischen diesem Land und dem Glauben der Juden, wie er im Buch und in der hebräischen Sprache verkörpert ist.

Man darf daher wohl, ohne sich dem Vorwurf des Mystizismus auszusetzen, behaupten, daß die Rückkehr der Juden von der Einnahme Jerusalems und vom Fall Masadas in der achten Dekade der Neuzeit zu datieren ist, anders ausgedrückt, die Juden haben als Volk nach der Rückkehr gestrebt, seit sie erobert, versklavt und zerstreut wurden. Alles in der jüdischen Kultur drängte auf diese Rückkehr.

Wie nicht anders zu erwarten, hat kein anderes Volk, seit die Juden die Herrschaft hier abgeben mußten, mit Israel etwas anfangen können. Dies ist weder eine ›patriotische‹ noch eine metaphysische Behauptung, sondern Tatsache. Nur in den Händen der Juden ist dieses Land ein wirklich unabhängiger und lebensfähiger Staat gewesen, ein ›florierendes Unternehmen‹ sozusagen.

Vor den Juden hatten die Kanaaniter entlang der Mittelmeerküste prosperiert, und es gab auch im Landesinneren einige Siedlungen. Aber erst die Ankunft der Hebräer machte auch aus dem Negev und den gebirgigen Landesteilen brauchbares Land. Seit den Tagen Josuas war die Geschichte Israels eine Geschichte der fortschreitenden Erschließung. Diese Erschließung hörte ruckartig immer dann auf, wenn ein Eroberer die Juden entmachtete. Der Perserkönig Cyrus wußte das sehr wohl, und im eigenen Interesse veranlaßte er die erste Rückkehr der Juden nach Zion seit der Besetzung durch die Babylonier: »So spricht Cyrus, der König in Persien: Der Herr, der Gott des Himmels, hat mir befohlen, ihm ein Haus zu bauen zu Jerusalem in Juda. Wer nun unter Euch seines Volkes ist, mit dem sei der Herr, sein Gott, und er ziehe hinauf.« (Chronik II, 36: 23 und Esra 1: 2–3) Esra und seine Anhänger erbauten also den zweiten Tempel. Wieder prosperierten die Juden und mit ihnen das Land und die Hauptstadt Jerusalem, die David gegründet hatte. Als die Römer es eroberten, gehörte das Land zu den bedeutendsten der zivilisierten Welt.

Die Römer verwüsteten Stadt und Land. Sie verstreuten Salz um Jerusalem, wie sie es in Karthago gemacht hatten. Und wie in Karthago tauften sie den Namen des Landes um, damit auch die Bewohner spurlos verschwänden. In gewisser Weise ist dies ein Kompliment. Die Römer neigten zu solchen Extremen der Rachsucht nur bei Feinden, die ihnen wirklich gefährlich gewesen waren. Daß das winzige Juda das Schicksal des machtvollen Karthago erleiden mußte, ist also eine Auszeichnung, wenn auch keine, über die man sich freuen kann.

Wie auch immer, von jener Zeit an ging es mit dieser Region des Nahen Ostens unaufhaltsam abwärts. Versuche unterschiedlicher Invasoren, das Land neuerlich zu beleben und aus Jerusalem eine der großen Städte Kleinasiens zu machen – etwa wie Bagdad, Damaskus oder Kairo –, erbrachten gar nichts. Die immer anderen Bewohner folgten dem Beispiel der Römer, zerstörten jüdische Denkmäler, entweihten unsere heiligen Stätten. Das jedenfalls hatten alle, die an unsere Stelle treten wollten, miteinander gemein. Die Moslem erbauten die El-Aksa-Moschee genau dort, wo der zweite Tempel gestanden hat, von dem nur noch die Westmauer erhalten ist. In Hebron steht eine Moschee auf den Gräbern von Abraham, Isaak und Jakob, genannt Israel. In den auf 1948 folgenden zwanzig Jahren, als Samaria und ein Teil des alten Juda einschließlich jenes Viertels Jerusalems, in dem die historischen Denkmäler sind, unter jordanischer Herrschaft standen, waren jüdische Bauwerke den Arabern ein ständiges Ärgernis. Wie unter den Kommunisten in Osteuropa, wurden die Synagogen zu Slumquartieren und Lagerhäusern; die Grabsteine vom Ölberg wurden zum Bau von Straßen und Latrinen verwandt.

Ich darf mit Stolz sagen, daß Israel, nachdem es diese Gebiete 1967 erobert hat, sogleich die Absicht verkündete, die Kultstätten aller Religionen zu schützen und allen Betroffenen den freien Zugang zu ihnen zu gestatten. Wir benutzten nicht arabische Moscheen als Latrinen. Unsere Leiden und unser biblisches Erbe erlegen uns einen zivilisierten Verhaltenskodex auf und die Achtung vor dem Glaubensbekenntnis anderer.

Einerlei welchen Demütigungen die Juden unterworfen wurden, ihr Land vergaßen sie nie, und sie waren auch nicht auszurotten. Jetzt blüht unsere Erde von neuem, ganz wie zu Zeiten des ersten und zweiten Tempels. Wenn die Juden über Israel geherrscht haben, ist das Land lebendig geworden, und immer, wenn sie es im Stich ließen, ist es verödet und wurde unfruchtbar.

Das Verhältnis der Juden zu Israel ist ein doppeltes,

ein dialektisches. Wir bearbeiten den Boden, und der Boden bearbeitet uns. Hier haben wir der ganzen Menschheit eine Botschaft zu verkünden, denn die Erde hat uns ernährt und sich zugleich in unsere Hände begeben. Und wir haben sie gehegt, wir hegen sie auch heute, wie wir kein Stück Erde anderswo jemals gehegt haben.

Es gibt auch Juden unter den frühesten Besiedlern Amerikas. Einige, besonders im Westen und in Minnesota, sind Farmer geworden, sogar Pioniere. Und doch sind die Juden dort eine ethnische Minderheit, und wer dem Boden verbunden ist, hat ein amerikanisches Ethos, nicht ein jüdisches. In anderen Ländern, besonders in Argentinien, haben es die Juden ebenfalls mit der Bodenkultivierung versucht. Einmal wollten sie ihre nationale Heimstatt gar in Uganda errichten. Diese Projekte und Versuche sind fehlgeschlagen. Außerhalb Israels haben wir am Ende immer nur entweder unsere jüdische Identität durch Assimilierung verloren, oder wir sind in der Mehrzahl der Fälle eine wesentlich wurzellose, fremde Gruppe geblieben. Wir wurden Ladenbesitzer, Zwischenhändler, Intellektuelle – ganz sicher lauter schöne Berufe, aber ganz abseits von den nationalen Hauptströmungen in den Wirtsländern. Die Juden blieben dank ihres Glaubens und ihrer religiösen Praktiken Fremde in der Umgebung, in der sie lebten, Gegenstand der Neugier und des Mitleids, und vor wenigen Jahren erst Gegenstand der ›Sonderbehandlung‹ im Sinne der Nazis, denn der Mensch begegnet dem Fremden nun einmal mit Aggressivität.

Seit dem Jahre 70 ist der Wandernde Jude sprichwörtlich geworden. Nur für die, die hier leben, die hierher zurückgekehrt sind, gilt das nicht. In Israel gibt es so etwas nicht. Hier ist Heimat. Und in der Heimat bestellt der Jude sein Land, baut sein Haus und kämpft um jeden Meter des Bodens, den er so heiß liebt – ganz wie andere Leute auch. Und siehe, die Stadt, die Herman Melville vor hundert Jahren einem Totenschädel verglich, ist wiederum eine geschäftige Hauptstadt.

In diesem Zusammenhang fällt mir der Vorwurf ein, den ein arabischer Nationalist den in Israel lebenden Juden gemacht hat. Er beklagte sich darüber, daß wir keine Siesta halten, dies allein schon beweise, daß unsere Anwesenheit hier etwas Unheimliches habe. Er hat nicht bedacht, daß die Aufgaben, die wir nach zweitausend Jahren der Zerstörung vor uns sehen, zu mannigfach und dringend sind, als daß wir uns solchen Luxus erlauben könnten. Möge die Zeit kommen, da wir uns unsere Siesta leisten können!

Eine Betrachtung des jüdischen Nationalismus in Israel muß notwendigerweise auch eine Betrachtung der palästinensischen Ansprüche auf dieses Gebiet, auf ein eigenes Land, auf Nationalismus einschließen. Was ist nun an der Behauptung der Palästinenser und der Araber ganz allgemein, daß dieses Land nicht uns gehöre, sondern ihnen?

Zum ersten: Unser Recht ist um viertausend Jahre älter als das ihre. Der arabische Nationalismus ist eine Erscheinung unseres Jahrhunderts und, verglichen mit anderen nationalistischen Bewegungen, verhält sich die der Araber, mindestens die der Palästinenser, wie eine Kunstperle zu einer echten. Anders ausgedrückt: der Nationalismus der Palästinenser ist ein Kunstprodukt und eigentliche Züchter sind die Briten. Diese haben seit je nach der Devise teile und herrsche gehandelt, um der Wahrung ihrer Interessen willen. Als sie sahen, daß ihre Mandatsgebiete unvermeidlich selbständig werden würden, entfachten sie in Palästina den Gegensatz zwischen Arabern und Juden ebenso, wie sie in Indien den Gegensatz zwischen Moslem und Hindus schürten.

Doch einerlei. Die palästinensische ›Sache‹ wurde später von den arabischen Führern als eine Art Balsam benutzt, um den Schmerz zu lindern, der die Araber in den umliegenden Ländern angesichts der Korruptheit ihrer Herrscher überkam, die jeglichen Fortschritt verhinderten. Da war es schon besser, die Untertanen befaßten sich mit dem Heiligen Krieg als mit den Ursachen ihrer eigenen chronischen Armut.

Ehrliche Palästinenser geben zu, daß die Araber dieses Land niemals erschlossen und daß sie es nie als eine nationale Einheit betrachtet haben. Ich lese mit Interesse, was ein wilder propalästinensischer Einheimischer ganz offen schreibt: »Meine Eltern waren Bauern, wie man sie heutzutage kaum noch findet ... mitten im 20. Jahrhundert lebten sie wie im 10. Weder sie noch ihre Vorfahren hatten in 1000 Jahren ihre Kleidung oder ihre Gewohnheiten geändert ... sie wußten, daß es Automobile gibt, Elektrizität, ja, sogar Kühlschränke. Doch ihre Seelen schliefen, und die technischen Verbesserungen, die sie sich instinktiv zunutze machten, hielten sie noch fester in der Vergangenheit und brachten sie der Gegenwart keinen Schritt näher.« Später heißt es dann: »Den Bewohnern dieser Gegend, die seit sechs Jahrhunderten unter fremder Herrschaft gelebt haben, ist es einerlei, wer sie beherrscht ... nur wenige Kilometer von Jerusalem ent-

fernt lebten wir beinahe wie Tiere, fern jeglicher Zivilisation.«* Dann wirft der Verfasser den Juden vor, sie hätten die Araber von ihrem Land vertrieben und während des Unabhängigkeitskrieges Grausamkeiten begangen. Ich muß darauf antworten und werde das später auch tun. Im Augenblick gehören diese Vorwürfe aber nicht hierher, denn sie haben überhaupt nichts zu tun mit dem, was ich deutlich machen möchte, daß nämlich die arabische Bevölkerung an Palästina als an einem Land nicht im geringsten interessiert gewesen ist. In all den Jahrhunderten ihrer irdischen Existenz haben die Araber Palästinas auf dem untersten Niveau des menschlichen Daseins gelebt. Was der zitierte Araber schreibt, zeigt doch, daß sie keine allgemeinere Vorstellung von Landbestellung hatten und daß sie jedenfalls nicht einmal Spuren eines nationalen Zusammenhanges entwickelten. Ich will gerne glauben, daß ein jeder arabische Dorfbewohner – zum Unterschied von den zahlreichen Nomaden – an seinem Haus und seinem Grund hängt, und wer von den Arabern nicht mit dem Feind kollaboriert und der Aufforderung der arabischen Staaten 1948 nicht gefolgt und im Lande geblieben ist, der bestellt auch heute noch sicher und ungestört sein Land als Bürger der einzigen Demokratie, die seit den Tagen der Zwölf Stämme hier Wurzeln geschlagen hat!
Ich bestreite nicht, daß jeder Mensch sich mit seinem Grund und Boden verbunden fühlt, aber die Behauptung der arabischen Staaten und zwanzig Jahre später die der palästinensischen Nationalisten, die arabische Bevölkerung habe in Palästina schon immer ihren Nationalstaat gesehen, ist einfach unsinnig.

* Edouard Saab, *Les Deux Exodes,* Paris 1968

Wer weitere Beweise dafür wünscht, daß es sich hier nicht um ein echtes Nationalgefühl handelt, der lese die Militärgeschichte. Die palästinensischen Araber haben beim Kampf um dieses Land ebensowenig Eifer gezeigt wie die ägyptischen Fedajin. Von den Juden weiß man, daß sie leidenschaftlich und mit allen Kräften kämpfen, denn jeder jüdische Soldat ist zutiefst davon durchdrungen, daß es sein Land ist, was er da verteidigt, seine Heimat und ganz bestimmt die einzige, die es für ihn gibt. Der palästinensische Araber zeigt nichts ähnliches. Und warum sollte er auch? Er fühlt sich überall gleich wohl, in Jordanien, im Libanon oder anderswo, denn dort ist ebenso seine Heimat wie hier. Oder ebensowenig. Denn er denkt gar nicht in solchen Kategorien. Kommt es zum Nahkampf, verteidigen sich die Juden mit äußerster Erbitterung, während die Araber oft genug die Waffen wegwerfen und sich ergeben. Ich könnte zahllose Fälle anführen, wo das geschehen ist, auch wenn die Araber uns zahlenmäßig und an Ausrüstung überlegen waren. Warum sollte ein Araber auch um dieses Land kämpfen? Weil eine trügerische Propaganda ihm einreden will, er gehöre zu einer mythischen palästinensischen Nation? Für Propaganda stirbt niemand gerne, und der Araber weiß im Grunde, daß es Propaganda ist. Es handelt sich hier nicht um Tapferkeit oder Feigheit, sondern um Überzeugungen. Der Araber nimmt diese nationalistischen Ansprüche auf Israel nicht so ernst, daß ihn das zum entschlossenen Soldaten macht. Die Juden hingegen wissen: entweder wir verteidigen uns, oder das Leben hat für uns keinen Sinn mehr. Die Aufführung der arabischen Truppen im Felde seit 1948 beweist, daß der einzelne Soldat den Phantastereien

der Nationalisten, die Anspruch auf Israel erheben, skeptisch gegenübersteht.
Gewiß hat es keinen Sinn, den ›Nationalismus‹ der palästinensischen Araber zu vergleichen mit dem jüdischen Ideal von Israel. Das wäre, als wollte man Apfelsinen nach dem Maßstab beurteilen, den man an Zitronen legt. Was hier auf beiden Seiten hinsichtlich des Gebietes und seiner Bedeutung für die Bewohner empfunden und geplant wird, kann nicht verglichen, nicht sinnvoll in der gleichen Terminologie erörtert werden. Die eine Auffassung ist individualistisch und wurzelt in einem eigenen kleinen Grundbesitz. Die andere Auffassung abstrahiert vom Einzelnen und wurzelt in der Vorstellung von einem Ganzen, das die Form eines Staates hat. Diese Auffassung bezeichne ich als echt nationalistisch. Ihre Echtheit wird dadurch bewiesen, daß sie tatsächlich einen Staat hervorgebracht hat. Die erstgenannte Auffassung nenne ich Liebe zum persönlichen Eigentum. Das ist zwar eine lobenswerte Haltung, doch konnte und kann sie niemals zur Entstehung einer Nation führen. Niemand, am wenigsten die Juden, möchte den Arabern ihr Eigentum wegnehmen, doch wir beharren darauf, daß unsere Liebe zu diesem Land als Ganzem der einzige Nationalismus ist, den die Geschichte seit der Zeit Kanaans in dem von uns Israel genannten Gebiet zu verzeichnen hat, auch im 20. Jahrhundert.
Ich will damit nicht bestreiten, daß es in jüngster Zeit Anzeichen für das Entstehen einer pan-arabischen Bewegung gegeben hat, die bewirkt, daß die arabischen Völker sich als ein Ganzes zu sehen beginnen. Ich halte ethnische Verwandtschaft und das Bewußtsein der Völker von ihrer Zugehörigkeit für Realität. Hätte ich

sonst mein Leben daran wenden können, in anderen Angehörigen meines Volkes ihren Sinn für das eigene Judentum zu erwecken? Der Pan-Arabismus könnte sich sehr wohltuend für die Welt auswirken. Leider sind die Anfänge, die wir jetzt sehen, auf Aggression und Destruktion gerichtet. Statt daß der Pan-Arabismus dem verbreiteten Wunsch nach Modernisierung und Demokratisierung entgegenkäme, dabei hülfe, die reichlich vorhandenen Hilfsquellen zum Wohle aller Bevölkerungen nutzbar zu machen, die Kultur zu beleben und das Los der unzähligen Armen zu verbessern, läßt er sich als Vorwand mißbrauchen für innere Machtkämpfe, die auf die Bereicherung einer Handvoll Individuen zielen, dient er als Alibi für Kriegstreiberei, für das Vernebeln der eigentlichen brennenden Probleme mit Schwaden eines aufgeputschten Hasses, für die Verherrlichung der einen arabischen Macht auf Kosten der anderen. Der außenstehende Beobachter mißbilligt notgedrungen den Pan-Arabismus des Scheik von Katar, der mit seinen Ölmillionen Paläste aufführt, während seine Untertanen in Zelten hausen; den Pan-Arabismus der irakischen Regierung, deren Innenpolitik den Raufereien im amerikanischen Western gleicht; den Pan-Arabismus schließlich eines Nasser, dessen Ehrgeiz zu sein scheint, alles zu erobern, was ihm vor die Nase kommt, einerlei, ob er was damit anfangen kann und obwohl am Tage liegt, daß er nicht einmal sein eigenes Land verwalten kann.

Seit es den Staat Israel gibt, ist der palästinensische Nationalismus für die Araber zur Einigungsparole geworden. Israel ist der einzige Gegenstand, hinsichtlich dessen sie so etwas wie Einigkeit entwickeln können.

Daß die Palästinenser ihrem Verlangen, eine Nation zu werden, zu keiner Zeit seit dem Jahre 636 – als sie hier aufzutauchen begannen – bis zum Jahre 1936 – als der Großmufti von Jerusalem seine Kalifenträume spann – Ausdruck gegeben haben, wird von den Propagandisten schlicht ignoriert. Die Juden aber sehnten sich 636 ebenso nach Israel wie 1948. Und nun wollen sie es unbedingt behalten. Man muß sich nur einmal im Lande umsehen und was man sieht mit Melvilles Beschreibung vergleichen, dann versteht man, was die Anwesenheit der Juden hier bedeutet. Man muß die von mir zitierte Aussage des palästinensischen Nationalisten nachlesen, um zu begreifen, was der arabische Nationalismus hervorgebracht hat: Nichts. Und wie Shakespeare ganz richtig sagt: »Von nichts kommt nichts«. Was die Juden angeht, so kann ich nur auf die Bibel verweisen und auf die seit dem Fall von Masada immer wieder in ihrem Sinne unternommenen Versuche, Israel zurückzugewinnen und sagen: Die Bibel hat uns den Auftrag gegeben; kommt und seht selber.

Ich erwähne häufig die Thora und muß erklärend sagen, daß ich an den von ihr postulierten Gott nicht glaube. Ich meine damit, ich kann mich nicht ›an Gott wenden‹, zu einem übermenschlichen, allmächtigen Wesen da oben im Himmel beten. Man hat mich kürzlich gefragt, ob ich in kritischen Momenten mit Gott ›kommuniziere‹, und ich habe meinen Gesprächspartner mit der Gegenfrage schockiert: »Hat Gott Telefon?«

Und doch, obschon meine Philosophie ganz diesseitig ist, glaube ich fest an den Gott, der uns bei Jeremia und Elia begegnet. Ich meine sogar, es ist Teil des jüdischen Erbes und eine Pflicht der Juden, an dieser

Gottesvorstellung festzuhalten. Man betrachte doch einmal die berühmte Erscheinung, die dem Elia auf dem Berge Horeb zuteil wurde:
»... und ging vierzig Tage und vierzig Nächte bis an den Berg Horeb und kam daselbst in eine Höhle, und blieb daselbst über Nacht... Und Elia lauschte auf die Stimme des Herrn. Ein großer starker Wind, der die Berge zerriß und die Felsen zerbrach, ging daher, aber der Herr war nicht im Wind. Nach dem Winde aber kam ein Erdbeben. Aber der Herr war nicht im Erdbeben. Und nach dem Erdbeben kam ein Feuer, aber der Herr war nicht im Feuer. Danach lauschte Elia sehr aufmerksam, und er hörte tief in sich eine leise Stimme. Und es war die Stimme des Herrn.«
Jeder Mensch hat ein Gewissen und die Fähigkeit, zwischen Recht und Unrecht zu unterscheiden. So jedenfalls begreife ich die leise Stimme, die Elia in sich vernahm, und den Rat des Jeremia.
Ich bin nicht religiös, und die Mehrzahl der frühesten Erbauer des modernen Israel waren es ebenfalls nicht. Und doch stammt ihre leidenschaftliche Liebe zu diesem Land aus dem Buch der Bücher. Darum bezogen die Sozialisten der Bilu-Bewegung sich schon in ihrem Namen auf Jesaja. Und darum ist das wichtigste Buch in meinem Leben die Bibel, auch wenn ich die Theologie ablehne. Wie viele andere Juden, vermutlich wegen meiner in traditionellen Bahnen verlaufenen Erziehung, fühle ich mich sehr zum Studium hingezogen. Ich habe die Bücher unterschiedlichster Kulturen gelesen, und alle haben mich als Individuum bereichert. Ich habe Griechisch gelernt, um Platon wirklich zu genießen, vor dem ich großen Respekt habe und der mir viele glückliche und nachdenkliche Stunden beschert

hat. Ich habe auch die hinduistischen und buddhistischen Denker studiert. Von Platon lernt man die elegante Argumentation, von den Buddhisten den Frieden, der aus der Meditation kommt. Von der Thora aber lernt man hauptsächlich jenen moralischen Aktivismus, der bezeichnend ist für die Juden und um dessentwillen man sie so sehr bewundert und verabscheut hat, wenn sie unter Fremden lebten.

Die Geschichte der Juden in der Zerstreuung ist eine stürmische Geschichte, die zu höchsten Höhen und in tiefste Tiefen führte. Gemäß dem Grundsatz, daß das Böse im menschlichen Gedächtnis länger haftet als das Gute, sind wir besonders empfindlich für die unaufhörlichen Leiden, die uns auf unseren zweitausendjährigen Wanderungen rund um die zivilisierte Welt und wieder zurück nach Israel zugefügt worden sind. Die Juden sind aber von ihren Zeitgenossen auch respektiert worden. In der islamischen Welt, wo sie geholfen haben, diese Tochterkultur auf den rechten Weg zu führen, standen sie jahrhundertelang in hohem Ansehen. Und sie sind die Architekten des Christentums. Kann man sich einen strengeren Bekenner des Judaismus denken als Jesus? Juden sind Aktivisten, das heißt, sie haben einen messianischen Schwung. Missionare sind sie nicht, denn sie bemühen sich nicht, andere zu ihrer Lebensweise zu bekehren. Aber sich selber gegenüber sind sie unerbittlich. Die Bibel hat ihnen jene göttliche Rastlosigkeit verliehen, die im besten Fall zu Initiativen wie dem Pionierdasein führt, im schlimmsten Fall zur Verfolgung durch ihre Mitmenschen, die aber nie zugelassen hat, daß die Juden als Volk sich über längere Zeit mit dem Mittelmäßigen zufriedengaben.

Ganz gewiß sind wir heute in Israel messianisch. Die Juden glauben, hier eine Mission zu haben, das spüren sie sehr deutlich.

Die Wiederherstellung der Souveränität ist verbunden mit einem Konzept der Erlösung. Dies ist bestimmend für das Überleben der Juden und ist der Kern des religiösen, moralischen und nationalen Bewußtseins der Juden. So erklärt sich die Einwanderung Hunderttausender von Juden nach Israel, die nie vom Zionismus gehört haben und die gleichwohl bewogen wurden, die Länder zu verlassen, in denen sie lebten, um ihren Beitrag zur Erneuerung der hebräischen Nation in ihrer geschichtlichen Heimat zu leisten.

Eine diesseitige Betrachtung der Bibel muß auch jenes Postulat prüfen, demzufolge die Juden das auserwählte Volk sind. Ich bin der festen Meinung, daß die wahre geschichtliche Situation genau das Umgekehrte von dem war, was diese Formulierung ausdrückt. Ich glaube, die Juden haben ihren Gott erwählt und nicht Er uns, wie die Thora es ausdrückt.

Man sagt, Gott habe sich an die verschiedenen Völker dieser Erde mit der Frage gewandt: »Könnt ihr meine Lehren befolgen? Glaubt ihr, daß es unrecht ist zu töten, Ehebruch zu verüben?« und so fort, die ganzen zehn Gebote hindurch. Die anderen Völker sagten Nein, nur wir sagten Ja und wurden damit von Ihm adoptiert.

Das ist aber eine mystische Auslegung. Der Rationalist sagt sich, daß die Hebräer wie viele andere Menschen auch sich fragten: »Wer sind wir? Wo kommen wir her? Was tun wir hier?« Und die Antwort, die sie in Jahrtausenden fanden, ist in der Bibel niedergelegt. Sowohl im 5. Buch Moses wie bei Josua finden sich

Hinweise auf die bewußte Wahl eines Gottes. Josua versammelt die Kinder Israel in Sichem und fragt sie: »Wer soll euer Gott sein? Der Gott jener Völker, unter denen ihr gelebt habt? Oder der Gott eurer Vorfahren von jenseits des Euphrat? Oder wollt ihr dem Gott die Treue geloben, dem ich diene?« Und sie antworteten: »Wir wollen deinem Gott dienen, dem Herrn.« Josua, damit nicht zufrieden, weist sie darauf hin, wie schwer Er zu befriedigen ist. Einerlei, sagt das Volk, Ihn wählen wir. Josua verlangt dann von ihnen, daß sie diese Wahl in aller Form treffen, und sie bezeugen es. Es ist also klar, daß die Israeliten ihren Gott ganz bewußt gewählt haben.

Die Einzigartigkeit der Juden beruht darin, daß sie allein von allen Völkern der antiken Welt ein einziges, unsichtbares allmächtiges Wesen erwählten. Ein solches Wesen ist so erhaben wie kein anderer Surrogatgott, der eine Naturerscheinung vertritt, je sein kann. Niedere Götter sind nicht mehr ehrfurchtgebietend, weil sie in ihrem ›Privatleben‹, in ihrem Streit miteinander, nur allzusehr dem Menschen gleichen. Die Götter, die zu Zeiten der ersten Hebräer verehrt wurden, waren übrigens eher bescheiden. Das Gilgameschepos, das zu Beginn unseres Jahrhunderts in der freigelegten Bibliothek des Königs Assurbanipal in Ninive gefunden wurde, enthält die Beschreibung einer Großen Flut und einer Arche mit Überlebenden, die sehr an Noah und die Sintflut erinnert. Die Archäologen haben übrigens Spuren dieser Flutkatastrophe gefunden, aber das gehört nicht hierher. Die Gilgameschtafeln berichten, daß die Götter Mesopotamiens, denen Abraham abschwor, um dem Herrn zu dienen, von den steigenden Wassern erschreckt wurden. Sie fliehen in die oberen und äußersten Bezirke des Himmels, ›wo sie wie Hunde kauern und hocken‹. Man kann sich nicht vorstellen, daß JHWH sich so betrüge, denn er ist schließlich Herr der Schöpfung.

Die Götter der Griechen und Römer sind dafür berühmt, daß sie entweder unablässig miteinander zankten oder ihren privilegierten Status dazu mißbrauchten, ein Liebesleben zu führen, wie wir Sterblichen es uns erträumen. Meist sogar beides zugleich. Der jüdische Gott hingegen steht über solchen Dingen.

Während die Juden in Israel herrschten, fiel es ihren Zeitgenossen sehr schwer, ihre Gottesvorstellung nachzuvollziehen. Die Griechen hielten die Juden für gottlos, weil sie, wie Alexander anmerkte, als er nach Juda kam, keine Götzenbilder besaßen. Die Römer hielten uns für faul, weil wir wöchentlich einen Ruhetag hielten, den Sabbath, an dem auch das Gesinde und die Tiere ruhten. Sie begriffen nicht, daß dieser Ruhetag von Gott verordnet war, und daß die Juden als Seine Statthalter auf Erden Sein Gesetz hielten, wenn sie innerhalb ihres Machtbereiches der Natur Ruhe gönnten. Der jüdische Gott hatte den Menschen nach seinem Ebenbilde erschaffen. Damit war ihm, so glaubten die Juden, eine besondere Rolle zugefallen. Gott, obschon unsichtbar und mit übernatürlichen Kräften begabt, forderte vom Menschen, seinem Diener, daß der ihm nacheifere. Der Mensch hatte also ein Ziel, nach dem er streben konnte, das Ideal einer moralischen Lebensführung, etwas, das außerhalb seiner selbst lag. Ferner stand es ihm frei, die Mittel zu nutzen, die die Erde ihm bot, um seine Herrschaft über die Natur und über sich selbst zu befestigen.

Die Botschaft von Liebe und Einigkeit unter den Menschen, welche die Bibel verkündet, ist universal. Ich habe schon gesagt, für wie bemerkenswert ich es halte, daß sie bei der Erschaffung der Welt beginnt und nicht bei den Juden selber. Die Thora meint nicht nur ein einziges Volk, denn sie zeigt unmißverständlich, wie alle Menschen aus dem gleichen Samen entstanden sind. Auch die Frauen. Denn die Sache mit der Rippe ist ja wohl erst eine spätere Zutat.

Und doch heißt es von Gott, er habe die Juden auserwählt, seine Botschaft aufzunehmen und ein besonderes Volk zu sein, das in dem ihm zugewiesenen Land ein besonders gutes, moralisch vorbildliches Leben führen sollte. Wie kann der Herr universal sein und doch ein auserwähltes Volk haben? fragte Spinoza, dem dieser Widerspruch auffiel und der für seine Entdekkung aus der jüdischen Gemeinde von Amsterdam ausgestoßen wurde.

Ich möchte mich in die metaphysischen Aspekte dieser Sache nicht einlassen, doch die Botschaft des auserwählten Volkes wird sogleich in einem diesseitigen Sinne einsehbar und vernünftig, wenn man sie umkehrt und daraus entnimmt, daß Abraham und seine Nachfahren einen Gott erwählten, den sie selber formuliert hatten. Anders ausgedrückt, zuerst war der Mensch, dann kamen seine Götter. Dies nimmt dem jüdischen Gott nichts von seiner wohltätigen Macht, und es verringert nicht im geringsten den Wahrheitsgehalt der biblischen Botschaft. So betrachtet heißt es in der Bibel richtig: ›Es ist unsere Pflicht, als Volk jenem Gott wohlgefällig zu sein, den wir erwählt, seinen Geboten zu folgen, wie wir sie festgesetzt haben, und das Land, das wir besiedelt und als von ihm uns geschenkt bezeichnet haben, in ein Land der Fülle zu verwandeln, das nach unseren moralischen Vorstellungen regiert wird‹. So gesehen kann man die Juden als ein von sich selber erwähltes Volk betrachten.

Bedauerlicherweise haben bisher Menschen die Vollkommenheit nicht erreicht, nicht einmal annähernd, trotz bester Absichten, religiöser Bekenntnisse oder kodifizierter Verhaltensnormen. Als souveränes Volk hatten die Juden ihre Höhepunkte ebenso wie ihre Tiefpunkte. Jesaja meinte, zuzeiten seien sie das verruchteste Volk weit und breit gewesen. Immerhin, und das ist wirklich bemerkenswert, brachten sie immer wieder Moralisten hervor, die sich nach Kräften bemühten, die Juden auf dem rechten Weg zu halten, Moralisten, deren Worte im Buch gewissenhaft verzeichnet stehen. Im jüdischen Sprachgebrauch ist der Prophet kein Wahrsager. Er ist auch kein Hellseher, doch sein scharfer Verstand läßt ihn manches vorhersehen. Er liest nicht in der Asche, er versetzt sich nicht in Trance, er sagt nicht auf magische Weise die Zukunft voraus. Nein. Die Propheten der Bibel lebten ganz in der Welt, nur betrachteten sie die Tagesereignisse mit ihrem besonderen Verständnis des göttlichen Willens. Sie verstanden sich als weltliche Mahner. Amos beispielsweise geriet in Wut, als man ihn einen Nabi nannte, einen wandernden Frommen.

Die Propheten hielten sich an das Wort Gottes, wie es im biblischen Erbe weitergereicht wurde. Sie widmeten sich der Aufgabe, das Betragen des Volkes und seiner Herrscher in Übereinstimmung mit dem Wort zu bringen.

Amos predigte Liebe. Er betonte die Gleichheit aller Menschen und wies darauf hin, daß die Familienbande die ganze Menschheit miteinander verbinden.

Wenn ich derzeit so die Weltprobleme bedenke, dann meine ich, daß Amerika keine afrikanischen Schwarzen als Sklaven eingeführt hätte, wäre es der Botschaft Amos' gefolgt, und dann sähe es sich heute nicht dem schrecklichen Integrationsproblem gegenüber. Amos meinte, niemand dürfe für die Sünden seines Vaters gestraft werden, Jeremia hingegen wies darauf hin, daß ein jeder zwischen Recht und Unrecht unterscheiden kann und daß folglich eine Übeltat lange nachwirkende, böse Folgen haben könnte. Ob man nun dem einen oder anderen folgt, fest steht jedenfalls, daß die heutigen Amerikaner in der Rassenfrage jenen Sturm ernten, den ihre Vorfahren gesät haben. Mir scheint, daß Amos' Botschaft der Brüderlichkeit in alle Zukunft gültig sein wird, und ich wollte, unsere Nachbarn begriffen dies auch.

Jesaja übernahm die Botschaft von Amos und benutzte sie, um gegen den Krieg zu wettern. Er wußte, daß der Krieg sich selber verewigt und jene mit Zerstörung bedroht, die ihn führen. Ferner behauptet er, daß, wer aufhöre, Waffen herzustellen und statt dessen aktiv den Frieden lebe, seinen Geschmack am Blutvergießen verliere.

Ich finde, man muß es den alten Juden hoch anrechnen, daß sie es gewissenhaft niederschrieben, wenn ihre Propheten sie ihrer Verworfenheit wegen schonungslos tadelten. Für gewöhnlich hatten diese Kritiker eine privilegierte Stellung, die ihnen erlaubte, ihren Herrschern Wahrheiten zu sagen, für die andere in Ketten gelegt oder enthauptet worden wären. Und sie hatten auch eine eigene Auffassung von der Geschichte, die ihnen gar nichts bedeutete, wenn sie nicht mit moralischen Maßstäben gemessen wurde.

Einer der erfolgreichsten Herrscher der Juden, Jerobeam II., der fast das gesamte Reich Salomos wiederherstellte, wird von den Propheten mit dem schlichten Satz abgetan: »Er tat, was in den Augen des Herrn Sünde war.«

Die Bibel räumt diesen Propheten viel Platz ein, und sie unterscheidet auch immer die wahren von den falschen Propheten. Ein Beispiel dafür liefern die vierhundert falschen Propheten, die dem König Jehosaphat einreden, daß ihm ein Sieg bevorsteht, während der einzige ›wahre‹ Prophet ihm die Niederlage vorhersagt. Es kommt auch heutzutage oft genug vor, daß Völker und Regierungen nur das hören, was sie hören wollen. Einer der bedeutendsten Propheten und Staatsmänner war Jeremia. Er lebte in einem Zeitalter der Dekadenz und genoß keine Immunität wie seine Vorgänger. Er war ein sehr gescheiter politischer Denker. Hätte man auf ihn gehört, Juda wäre nicht von Babylon besiegt worden und die erste Herrschaft der Juden hätte nicht mit Krieg und der Zerstörung des ersten Tempels geendet.

Als das assyrische Reich 609 v. Chr. zerfiel, stritten Babylon und Ägypten um die Vorherrschaft über den fruchtbaren Halbmond, den zivilisiertesten Teil Kleinasiens also. Jeremia riet zu strikter Neutralität. Sein König Josias hörte aber auf die Schmeichelworte der beiden Reiche und setzte sich über den Propheten hinweg. Er stellte sich auf die Seite von Babylon und wurde von Ägypten geschlagen. Von nun an trat Juda mal auf die, mal auf jene Seite, wie es gerade vorteilhaft schien, und es ertrug häufige Niederlagen. Jeremia forderte unermüdlich Neutralität. Er tadelte die Israeliten dafür, daß sie Korruption in hohen Ämtern duldeten. Als es König Zedekia zuviel wurde, ließ er Jeremia als Verräter einsperren, spielte mit den Ägyptern große Politik und versetzte die Babylonier in Zorn. Resultat: Der rachedurstige Nebukadnezar ließ Jerusalem bis auf die Grundmauern schleifen. Ehe die Katastrophe eintrat, ließ Jeremia trotz Bedrohung mit Folter und Tod nicht ab, seine schneidende Kritik vorzubringen. Das Volk respektierte ihn seines Mutes wegen, und heute gilt er als Symbol für selbstlose Lauterkeit.

Die Propheten sagten den Juden immer wieder, wie schwer es Gott mit ihnen habe und wie er sich darüber beklage, daß sie ständig von dem Sittengesetz abwichen, das sie sich selber gegeben.

Die Propheten waren vielen Leuten unangenehm und doch genossen sie immer Achtung. Und ich glaube, ihnen haben die Juden zu danken, daß sie auch heute noch nach der Einhaltung des Sittengesetzes streben, daß sie den Drang fühlen, auf dem Pfad der Wahrheit zu wandeln, einerlei wohin er führt und ob das möglich ist oder nicht.

Die Juden haben immer ein Gewissen gehabt. Dieses hat im Verein mit ihren strengen Sitten und Gebräuchen bewirkt, daß sie sich treu blieben, auch als sie aus ihrem Lande vertrieben wurden. Und es hat auch dazu geführt, daß sie sich gerne in der Rolle des Propheten sehen, daß sie bereitwillig – manchmal zu bereitwillig – die Rolle des Kritikers an der Welt übernehmen. Die Bibel hat den Juden die selbstgewählte Mission auferlegt, Denker, Frager, Formulierer zu sein.

Während sie sich nach Israel verzehrten, durchwanderten sie die Welt und stellten, ganz wie ihre Propheten, unangenehme Fragen. Das Ergebnis war entweder

Erhöhung oder Verfolgung. Ihre Sehnsucht bewirkte, daß die Mehrzahl der Juden, einerlei wo sie sich befanden, sich absonderten. Wohin sie auch wanderten, überall versuchten sie, so zu leben, wie sie im alten Volk gelebt hatten. Andere Juden hingegen trugen ihren messianischen Aktivismus in ihre Umwelt und wurden entweder verehrte Ratgeber der Menschheit oder die Bösewichter der Gesellschaft. In unserer Zeit haben Freud und Marx für einen bedeutenden Teil der Menschheit beide Rollen übernommen.

Ohne das Buch der Bücher wären wir heute vielleicht in Uganda oder, wahrscheinlicher noch, wären die Juden heute so ausgestorben wie die alten Völker Mesopotamiens. Indem die Bibel unsere bewegliche Heimat geworden ist, hat sie uns immer an die Vergangenheit erinnert. Alle Völker brauchen ihre Vergangenheit, weil sie daraus Lebenskraft ziehen, und darin liegt der Wert der Geschichte. Ich sehe, daß einer der Hauptvorwürfe, den die Schwarzen den weißen Amerikanern machen und einer der Hauptgründe für ihre Verbitterung der ist, daß man sie zweihundert Jahre lang vorsätzlich von ihrer afrikanischen Vergangenheit abgeschnitten hat und daß sie ihre eigene Geschichte nicht mehr kennen. Das ist eine der Ursachen dafür, daß die Neger in den USA keine Wurzeln geschlagen haben und daß sie so sehr zu Gewalttätigkeit neigen. Warum soll der, der kein Erbe hat, das Erbe anderer respektieren?

Dank unserer Bibel ist es den Juden nicht schwer gefallen, sich wieder in den kreativen Strom der menschlichen Geschichte einzufügen, was durch die Rückkehr nach Israel geschehen ist. Unsere Wurzeln reichen tief in die Vergangenheit. Daß wir so lange nicht souverän waren, hat uns allerdings zu einer Bevölkerung gemacht, die anderwärts mannigfache Bindungen hat und unzählige Sprachen spricht. Unser Nachbar Ägypten kann, wenigstens theoretisch, auf eine Vergangenheit von 6000 Jahren zurückblicken und auf eine Literatur, die ebensoweit zurückreicht. Doch wenn wir genauer hinsehen, erweist sich, daß die Bevölkerung Ägyptens jene Sprache nicht versteht, in der Pharao zu Joseph sprach und daß nur eine Handvoll Gelehrter die damaligen Schriftzeichen entziffern kann. Wir hingegen verstehen dank der Thora die Sprache unserer Vorfahren, wie sie vor 3500 Jahren gesprochen wurde. Käme Abraham heute zurück nach Israel, müßte er vielleicht sechs Monate in einer Ulpan (Schule für Hebräisch) verbringen, um die Wörter für ›Automobil‹, ›Transistor‹ oder ›Düsenflugzeug‹ zu lernen. Doch der Patriarch der Patriarchen könnte um sein Brot bitten und das Wort Gottes seinen Kindern in diesem Lande predigen, und man würde ihn verstehen!

Unsere in der Zerstreuung lebenden Brüder haben uns oft zum Vorwurf gemacht, daß wir das Hebräische wiederbelebt haben. Sie verstehen uns nicht, sagen sie. Es lohne für sie nicht, eine Sprache zu lernen, die von nur so wenigen Menschen gesprochen werde. Warum, so fragen sie uns verbittert, habt ihr nicht Englisch oder Deutsch oder wenigstens Jiddisch zu eurer Sprache gemacht?

Darauf kann ich nur sagen, die Mode wechselt, die Geschichte ist beständig. Das möchte ich näher ausführen. Als ich nach Israel kam, wurde um die Sprache heftig gestritten. Damals kamen die weitaus meisten Einwanderer aus Rußland und Osteuropa. Alle sprachen

Jiddisch. Es gab also eine kräftige Strömung, die dafür eintrat, dieses ›Jiddisch‹ zur Landessprache zu machen. Doch obschon das Jiddische damals eine Art *lingua franca* unter den Juden war, machten wir es nicht zur Sprache von Eretz Israel. Warum nicht? Weil man mit dieser Sprache die Traurigkeit des Exils, des Verlustes und der Verfolgung assoziierte. Wieder andere sagten: »Laßt uns deutsch sprechen. Es ähnelt dem Jiddischen, und man erlernt es daher leicht. Und es ist eine universale, eine der großen Weltsprachen.« Hätten wir uns damals für Deutsch entschieden, wir müßten uns heute in der Sprache jener verständigen, welche die europäischen Juden ermordet haben. Und nicht nur das: indem sie versuchten, uns zu vernichten, haben sie sich selber großenteils ebenfalls vernichtet. Heute ist Deutsch nur eine unter vielen Sprachen Europas, und die Deutschen selber lernen eifrig entweder Englisch oder Russisch, je nachdem, auf welcher Seite ihrer künstlichen Grenze sie leben. Russisch und Englisch sind derzeit die beiden Hauptsprachen, wobei das Englische noch einen Vorsprung hat.

Als wir unabhängig wurden, war klar, daß Englisch, soweit unser Verkehr mit der Welt in Betracht kam, die nützlichste Sprache sein würde. Und wir wurden ja unter britischer Aufsicht zur Nation. Wir hätten Englisch zu unserer Nationalsprache machen können. Allerdings war das schon damals eine Frage von nur akademischem Wert, denn wir sprachen bereits allesamt hebräisch, und zwar mit Vergnügen.

Aber angenommen einmal, wir hätten Englisch als Landessprache gewählt. Dann hätten wir damit genau wie im Falle des Deutschen eine fremde Kultur übernommen. Und das wir, das Volk mit der ältesten Zivilisation der Welt! Das wäre einfach lächerlich gewesen. Und woher will man wissen, daß in fünfzig Jahren Englisch nicht zu einer zweitrangigen Sprache geworden ist, während das Chinesische den obersten Rang auf diesem babylonischen Turm einnimmt? Hätten wir uns zur Übernahme der gängigsten Sprache entschlossen, wir würden sie alle 25 Jahre wechseln müssen. Da ist die Geschichte doch ein zuverlässigerer Ratgeber. Wir wählten die uns eigene ererbte Sprache, die Sprache aus souveränen Zeiten, als wir mit diesem Teil der Welt verbunden waren.

Und schon wurde alles ganz einfach. Wir modernisierten die Sprache, so daß wir auch über Mikrobiologie und Kernenergie auf Hebräisch sprechen konnten, und jeder Einwohner besaß nun den Schlüssel, mit dem er den Tresor seiner Kultur öffnen und bis zu den ältesten bekannt gewordenen Zeugnissen vordringen konnte. Wir gingen also in die Tiefe, wo es an der Breite fehlte.

Aus diesem Grunde muß ich meinen Freunden in der Galuth, der Zerstreuung, sagen, daß nicht wir die Verbindung mit ihnen verloren haben, weil wir dieses Werkzeug zur Aneignung der Kultur hervorgeholt und verwendbar gemacht haben, sondern daß sie es sind, die sich von ihren Wurzeln getrennt haben, indem sie sich der Kenntnis der eigenen Sprache beraubten. Wenn es eine Kommunikationslücke gibt zwischen Israel und den Juden in der Welt, dann ist es an diesen, die Lücke zu schließen. Wir hier machen Geschichte, lebendige Geschichte. Der Jude in Frankreich, Argentinien, den USA, in Indien, Rußland, Neuseeland, Südafrika und anderswo ist bloß Zuschauer, er spielt nicht mit. In der Sowjetunion und im Irak ist er ein Gefangener und gezwungen, zurückzubleiben, während sein Volk voranschreitet. Das ist eine persönliche Tragödie, an der wir teilnehmen, denn seine Abwesenheit, seine Unfähigkeit, zu unserem jüdischen Leben beizutragen, läßt eine Lücke, die nie geschlossen werden kann – ganz wie die Ermordung von sechs Millionen potentieller Israelis heute für uns hier eine Tragödie darstellt.

Doch das Leben muß auch angesichts von Kummer und Katastrophen weitergehen. Die Erlösung der Juden findet hier und jetzt statt. Es ist eine große Auszeichnung für uns, in einer Zeit leben zu dürfen, wo wir nicht gezwungen sind, unsere Kultur durch Mystizismen und Träume am Leben zu halten. Für uns gilt nicht nächstes Jahr in Jerusalem, sondern heute in Jerusalem!

Die Juden in der Welt begreifen das allmählich, sie treffen ihre Wahl. Viele werden nicht mehr Juden bleiben, sie werden sich anderen Kulturen assimilieren. Wir wünschen ihnen alles Gute. Weitaus mehr aber werden sehen, daß sie mit uns verbunden sind und werden unsere ausgestreckte Freundeshand ergreifen. Sie werden Hebräisch lernen, sie werden herkommen, und sie werden ihr Wiedereinbezogensein in die Geschichte als Wohltat empfinden.

Und jetzt, da wir wieder daheim sind, werden wir als Volk insgesamt wieder schöpferisch werden. Schon haben wir damit begonnen. Heute schreiben wir eine neue Thora nicht nur mit Hilfe der Gelehrten, sondern auch der Pioniere und Farmer, Künstler und Wissenschaftler, Architekten, Lehrer, Ingenieure, Parlamentarier und Bürger aus allen Berufen. Alle sprechen die Sprache Moses, und sogar die Freidenker unter ihnen vertiefen sich in das Buch, in diese Quelle der Inspiration, welche die Vergangenheit und zugleich eine Vision der Zukunft enthält. Unsere neue Thora wird bereits geschrieben, doch die besten Kapitel kommen noch. Und ich bin überzeugt, daß sie berichten werden von der Zähmung der Wüste durch uns.

Nach dem Negev!

(In den zwanzig Jahren des offiziellen Bestehens und nach einhundert Jahren der Erschließung ist in Israel eine bemerkenswerte Entwicklung vorgegangen. Heute beeindruckt es alle Welt durch seine Produktivität sowohl in der Industrie wie in der Landwirtschaft. Und doch sind noch mehr als 60 Prozent des Landes Wüste.

Dies ist eine Tatsache, und niemand weiß besser als Ben Gurion, welche Bedeutung sie für die Zukunft hat. Sein abruptes Ausscheiden aus der Politik und die Übersiedlung in einen Kibbuz ist von manchen als ein freiwilliges Exil gedeutet worden, als ein Sichvergraben in der Wildnis. Diese Deutung verfehlt die Wahrheit völlig. Für Ben Gurion ist die Entwicklung des Negev Israels bedeutendste Aufgabe, und daß er selber dorthin übersiedelt ist, beweist, daß er entschlossen ist, an dieser lebenswichtigen Aufgabe mitzuarbeiten. Wie immer im Leben, hat er sich auch hier an die Spitze der, wie er meint, bedeutungsvollsten Tätigkeit gestellt. Und er hat selbst im achten und neunten Jahrzehnt seines Lebens keine Anstrengung gescheut, seinem Volke ein Vorbild zu sein, womit er, ganz in der

großen jüdischen Tradition, die Blicke nach Süden lenkt, auf eine Wildnis, die selbst nach Erlösung verlangt und zugleich jenen Erlösung durch schöpferische Bemühung verheißt, die diese Herausforderung annehmen.
Ben Gurion glaubt fest daran, daß Israel mit dem, was im Negev geleistet wird, steht oder fällt.)

Im Hebräischen bedeutet Negev Süden. Schon von alters her hat das Ödland im Süden, das sich bis zur Spitze des heutigen Golfes von Eilath erstreckt, einen besonderen Reiz auf die Juden ausgeübt, genaugenommen schon auf Abraham, den ersten Hebräer.
Dieses Land des Negev ist die eigentliche Wiege des Judaismus. Isoliert wie es jetzt ist, stellt es eine Gefahrenzone dar, ist es ein schwacher Punkt des Landes. Doch hier liegt auch Israels größte Hoffnung.
Was wir Negev nennen, ist dürre Wüste mit stumpfgelben, rötlich und purpur gefärbten Bergen, die ihre Schatten über enge Täler und Schluchten werfen. Diese Wüste erstreckt sich im Norden bis an den Rand der fruchtbaren Küstenebene, wo die Kanaaniter ihre großen Niederlassungen hatten, die von den Israeliten erst unter Josua eingenommen werden konnten. Nach Osten zu steigt der Negev langsam an zu jenen Klippen und Schründen, von wo man aufs Rote Meer hinabschaut. Im Westen verschmilzt er übergangslos mit der Halbinsel Sinai zwischen dem Golf von Eilath und dem von Suez. Der jährliche Niederschlag beträgt weniger als 2½ Zentimeter, und die Temperatur sinkt nur selten unter 10 Grad Celsius. Und doch gibt es heute zwischen Beerscheba – dem größten Ort dieses Gebietes, der sich am nördlichsten Rand befindet –

und dem Seehafen Eilath, dem südlichen Endpunkt einer israelischen Straße, die das Rote Meer mit dem Mittelmeer verbindet, schon eine Reihe von Siedlungen, die die Menge des bebaubaren Landes ständig vergrößern.

Eine davon ist der Kibbuz Sde Boker, wo ich seit 1963 ständig lebe. Daß ich ausgerechnet in diesen Kibbuz kam, ist Zufall, aber daß ich jetzt im Negev lebe, ist ein logisches Ergebnis jener Denkweise, der ich mein Leben lang gefolgt bin – ich gehe nämlich unverändert von der Vorstellung aus, daß die Juden ihre angestammte Heimat nicht wiedergewinnen, indem sie sich auf Argumente und das Zitieren historischer Präzedenzfälle verlegen, sondern einzig durch Arbeit, das heißt also, indem sie sich dort, wo bisher gar nichts war, eine dauerhafte, fruchtbare Heimat schaffen. Mir ist nie zweifelhaft gewesen, daß wir den Negev erschließen müssen, wenn wir wirtschaftlich unabhängig und lebensfähig werden wollen, einerlei wie die Umstände sind. Darum habe ich 1947 so hartnäckig darauf bestanden, daß dieses Gebiet dem jüdischen Staat zugeschlagen wird. So mancher meiner Mitarbeiter hielt das für verkehrt. Was sollen wir mit einem Sandhaufen anfangen, der zu unserem übrigen Territorium keine Verbindung hat und nicht im geringsten kultiviert ist, fragten sie. Daß wir später einmal einen Seehafen am Roten Meer brauchen könnten, was uns, zusammen mit unserer Mittelmeerküste, von Ägypten unabhängig machen würde; daß wir Rohrleitungen legen, nach Bodenschätzen suchen und schließlich die Wüste bewässern würden, das erschien damals zu fern, als daß man damit argumentieren konnte. Immerhin, im Unabhängigkeitskrieg sorgte

ich mich besonders um diesen Landesteil, der gleich zu Beginn der Feindseligkeiten von ägyptischen Panzerverbänden besetzt wurde.
Mir schien es wichtiger, unsere Herrschaft über den Negev wiederherzustellen, als die Altstadt von Jerusalem zu entsetzen. Kaum hatten wir die Kriegführung soweit in der Hand, daß wir für die zentrale Küstenebene und die großen Städte nicht mehr fürchten mußten, gab ich unserer umorganisierten Armee den Auftrag, dieses besetzte Gebiet zurückzuerobern.
Der Entschluß, uns mit den besten ägyptischen Panzerverbänden einzulassen, kam nicht leicht. Noch fehlte es uns an Ausrüstung und, was schlimmer war, eine Niederlage konnten wir uns einfach nicht leisten; eine Disorganisation unserer Streitkräfte hätte uns zur leichten Beute der arabischen Armeen gemacht. Ich erinnere mich, daß ich im Kabinett damals sagte: »Wir haben eben die wichtigste Entscheidung seit der Proklamation des Staates getroffen.« Und doch war der Negev das Risiko wert, denn Israels einzige Chance, autark zu werden, liegt in diesem Gebiet.
Nachdem die Ägypter eine unserer Nachschubkolonnen angegriffen hatten, begannen wir die Operation ›Zehn Plagen‹, eine Bezeichnung, in der sich unser Wunsch ausdrückte, über jeden, der unser Gebiet besetzte, möchten tausend Plagen kommen.
Der Erfolg dieses Vorstoßes, sowohl in politischer wie in strategischer Hinsicht, hing davon ab, wie schnell er unternommen werden konnte.
Der Generalstab hat mich damals gewiß ebenso verabscheut wie den Feind, denn ich trieb unaufhörlich zu noch größerer Eile. Am 21. Oktober 1948 wurde Beerscheba mit den sieben Quellen, wo Abraham seine

Schafe getränkt und Mose im Exil eine Braut gefunden hatte, wieder Teil von Israel, und am 24. Oktober umfaßten wir dank der blendenden Leistungen unserer Heerespioniere, die Pisten durch die Wüste legten und auf Behelfswegen Panzer heranführten, die Ägypter mit einer Zangenbewegung und zwangen sie, sich zu ergeben.

Nach dem Waffenstillstand von 1949 schickte ich die Heerespioniere sofort wieder in die Wüste mit dem Auftrag, Straßen durch dieses schwer zugängliche Gelände zu bauen, um die lebenswichtigen Transportverbindungen zum übrigen Lande herzustellen. Die berühmteste davon ist die Aravah oder Straße der Pioniere, von Beerscheba nach Eilath.

Damals hatten wir noch alle Hände voll zu tun, das Land als solches überhaupt erst mal in Gang zu bringen, und der Negev konnte bei weitem nicht die Priorität bekommen, die ich ihm gerne zugeteilt hätte, doch ging er mir nie aus dem Kopf. Ich bedauerte, daß aus allen möglichen Gründen – zumeist aus politischen – jüdische Pioniere nicht wie nach Galiläa so auch in den Süden gegangen waren. Unser Land hatte sich dergestalt entwickelt, daß die Bevölkerung in dem engen Streifen zwischen Haifa und Tel Aviv am dichtesten war; nur wenige Siedlungen zogen sich hinauf nach Galiläa, und so gut wie gar keine südwärts in die Wüste. Es war klar: ein fruchtbarer Geländestreifen, an manchen Stellen nicht breiter als neun Meilen, würde sich als autonomer Staat nicht lange halten können. Wir brauchten im Süden eine zahlreiche, fest verwurzelte Bevölkerung. Die Lage wird allmählich besser, aber dies ist für Israel nach wie vor eine dringende Notwendigkeit.

1949 mußte dafür gesorgt werden, daß aus dem Negev sofort ein irgendwie gearteter Nutzen gezogen wurde, damit er rasch zur Befriedigung unserer wirtschaftlichen Bedürfnisse beitragen konnte. Fast sogleich begannen wir mit der Suche nach Mineralien und bereiteten die Förderung von Kupfererz nahe den ehemaligen Kupferbergwerken des Königs Salomo vor. Weiter begannen wir mit dem Ausbaggern und dem Bau des Hafens Eilath, obwohl der Zugang zum Roten Meer durch die Ägypter versperrt war, die die Meerenge von Tiran besetzt hielten. Am wichtigsten war, daß wir die geographische Lage des Negev ausnützten: Die Nähe der großen Ölproduzenten machte es sinnvoll, von Eilath zum Mittelmeer eine Rohrleitung zu legen. Eine gute Straße und eine Rohrleitung, so überlegten wir, können zusammen ein ›Überlandsuez‹ bilden, das den europäischen Ölimporteuren eines Tages sehr nützlich sein kann, und dann werden sie unsere Zuverlässigkeit, verglichen mit der politischen Instabilität der Araber, insbesondere der Ägypter, schon schätzen lernen.

Der Sinaifeldzug von 1956 brachte Israel einen gar nicht hoch genug einzuschätzenden Vorteil: er öffnete den südlichen Ausgang zum Meer, indem er die Meerenge von Tiran freimachte, womit unser Land Anschluß an den weltweiten Seehandel fand, ohne auf den Suezkanal angewiesen zu sein.

Der Sinaifeldzug basierte auf der strategischen Konzeption von General Mosche Dajan, einem begabten Angehörigen jener Generation, die jetzt in die politische Führung hineinwächst. Nach dem Feldzug legte er seine Funktion im Generalstab nieder und sagte mir, es liege ihm sehr viel daran, nunmehr in die Politik zu gehen. Ich schätzte ihn als einen sehr scharfsinnigen Kopf, war aber von seiner politischen Reife nicht überzeugt und sagte rundheraus: »Lassen Sie sich Zeit, Dajan. Warten Sie noch. Warten Sie ab und lernen Sie. Dann machen Sie keine Fehler.«

Er verstand mich und hat seither eine Zurückhaltung geübt, die ihn, wie ich weiß, viel Selbstdisziplin kostet. Er hat sich in die Politik eingearbeitet, und heute würde er gewiß einen bedeutenden Ministerpräsidenten abgeben.

Sabras wie General Dajan – Sabra heißen sie nach dem Stachelkaktus der Wüste Negev – sind unser kostbarster Besitz, und wir müssen sie darum unbedingt zur Führung unseres Landes gewinnen. Sie sehen Israel ganz in seiner heutigen Umwelt, verstehen seine Stellung gegenüber den Arabern, und dieses Verständnis ist ein für unsere Zukunft unentbehrliches politisches Kapital.

Ich sprach schon von meinem Verhältnis zur Wüste. Während mir immer klar gewesen war, welche Bedeutung ihr für die Nation zukommt, ist es mehr ein Zufall gewesen, daß ich erkannt habe, was sie für mich persönlich bedeutet. Ich kannte die Wüste gut, bin häufig hindurchgefahren und habe mich gründlich über ihre Geschichte und ihre Geographie unterrichtet. Eines Tages, ich war als Ministerpräsident dienstlich in Eilath gewesen, sagte ich meinem Chauffeur, er solle von der Hauptstraße in einen Wüstenweg einbiegen, auf den wir zufällig gestoßen waren. Ich wollte mir für einige Minuten den Kopf frei machen, wollte die Grenzenlosigkeit der Wüste auf mich einwirken lassen, mich wieder einmal dem Erlebnis dieser offenen Weiten aussetzen, die Hoffnung verheißen und zu-

gleich dem Menschen vor Augen führen, wie klein er in der unendlichen Weite des Alls ist.
Wir fuhren ein Weilchen auf diesem Pfad entlang, und plötzlich sahen wir vor uns Menschen um einige hölzerne Hütten versammelt. Wir hielten, ich stieg aus, ging die Böschung hinunter zu den jungen Männern und Frauen und fragte: »Was tut ihr hier?« Sie sagten, sie kämpften für die Unabhängigkeit Israels, indem sie die Wüste zähmten. Da ich gerade dies den Juden immer wieder eingehämmert hatte, seit ich aktiv in die Politik gegangen war, freute es mich natürlich, das zu hören.
Die jungen Leute sagten weiter, sie hätten gehört, es habe hier vor zweitausend Jahren Siedlungen der Tibier gegeben. Dies war ein hebräischer Stamm, der eine Mischung aus hebräisch und arabisch sprach. Die jungen Leute sagten: »Wenn die Tibier es hier vor so vielen Jahren ausgehalten haben, können wir das heute auch.«
Ich weiß nicht viel über die Tibier, und ich glaube nicht, daß irgendwer sich für längere Zeit dort draußen hat niederlassen können, doch ich weiß, daß in biblischer Zeit ›Laßt die Wüste blühen wie Rosen‹, keine nur poetisch gemeinte Aufforderung war. Um den exakten Herkunftsort Abrahams streiten die Gelehrten noch. Die Thora nennt zwar Ur in Chaldäa, doch ist es wahrscheinlicher, daß er aus dem nördlicher gelegenen Haran in Mesopotamien kam. Doch einerlei, das Delta zwischen Tigris und Euphrat war zu Abrahams Zeit die Wiege der Zivilisation und ein blühender Garten. Die Archäologen haben nachgewiesen, daß hier ein wahres Netz von Bewässerungsgräben Farmen und Plantagen bediente, die Mais, Gemü-

se und Früchte erzeugten und groß waren wie moderne amerikanische Plantagen dieser Art. Und das zweitausend Jahre vor den ersten Hebräern! Die Fruchtbarmachung des Negev ist also als Projekt keineswegs so verstiegen, wie es auf den ersten Blick scheinen mag. Die Bewässerung riesiger Wüsten ist ebenfalls kein neuer Einfall. Ich möchte nur noch anfügen, daß dieses ehemals so fruchtbare Mesopotamien heute ein riesiger Sandhaufen ist, woraus man ersehen kann, wie der Mensch seine eigenen Werke zerstört und sich ins Elend bringt.

Es hat mir immer leid getan, daß ich das Pionierdasein aufgegeben habe, und tatsächlich tat ich das auch nur, um im damaligen politischen Leben der Juden die Interessen der Pionierbewegung zu vertreten. Ich wußte, daß ich irgendwann einmal versuchen würde, wieder in jenes Dasein zurückzufinden, das in meinen Augen einem Juden die größte Befriedigung gewährt. Die jungen Leute hatten instinktiv begriffen, was ich unserem Volk immer wieder einhämmerte: Der Negev ist unser Lebensnerv, der Kampf um die Unabhängigkeit hat erst begonnen, und gewonnen wird er in der Wüste. Ich fragte also: »Darf ich mitmachen?« Sie waren überrascht, hatten aber nichts einzuwenden. Ende 1953 nahm ich Urlaub von den Regierungsgeschäften und kam hierher.

Die ersten Tage in Sde Boker waren schlimm für mich. Ich war in schlechter körperlicher Verfassung. Auf keinen Fall wollte ich mich mit Nachsicht behandeln lassen, und ich mühte mich daher nach Kräften, mit den Besten Schritt zu halten. Wie erledigt war ich in jenen ersten Wochen, und wie habe ich mich bemüht, das nicht merken zu lassen! In Sde Boker wurde, wie in allen Kibbuzim, die Arbeit umschichtig zugeteilt. Jeden Abend stand am Schwarzen Brett geschrieben, wer am Tage darauf was zu tun hatte. Anfangs las ich auf dieser Tafel, daß alle außer mir mit Vornamen aufgeführt waren, nur Mr. Ben Gurion stand als Schafhirt verzeichnet. Ich sagte, nicht Mr. Ben Gurion sei hergekommen zum Schafehüten, sondern David. Von da an schaute ich auf dem Schwarzen Brett nur noch nach, welche Arbeit David zugeteilt worden war. Meine Haltung reizte den Vorarbeiter, mir auf den Zahn zu fühlen. Er wies mir schwerste Knochenarbeit zu. Ich ließ ihn nicht merken, daß ich ihn durchschaute, sondern arbeitete so gut ich konnte. Wie heiß es war! Als plage man sich in einem Ofen. Und doch, ehrlich gesagt, ich war mit mir und meiner Umgebung zufriedener als seit Jahren. Für mich ist das Pionierdasein der Inbegriff des Glücks. Was kann man mehr verlangen als anstrengende Arbeit, an deren Nutzen man glaubt und mit der man in die Natur eingreift? Nach einigen Wochen war ich in Form und fühlte mich allem gewachsen, was man mir auftragen würde. Ich wurde jetzt von der Gruppe akzeptiert, und auch das stimmte mich zufrieden. Wer mit jungen Leuten arbeitet, bleibt jung, und auch sein Denken bleibt jung. Es machte mir viel Freude, sie um ihre Meinung zu befragen und meine Gedanken mit den ihren auszutauschen.

Eines Tages stellte sich heraus, daß der junge Mann neben mir der Enkel eines Pionierfarmers war, mit dem ich 1908 in Galiläa gearbeitet hatte. Was für eine wunderbare Kontinuität! Daß der Pioniergeist durch drei Generationen vererbt werden und diesen Jungen hinaus in die Wüste bringen konnte, das stärkte neuerlich mein Vertrauen in dieses Land und mein Volk. Und selbstverständlich machte es mich stolz, daß ich noch kräftig genug war, an seiner Seite zu arbeiten. Man hat mich gefragt, ob ich mich in die Wüste zurückgezogen hätte, um hier einsam und verbittert die Wunden zu lecken, die ich aus den politischen Schlachten davongetragen habe. Dazu wäre vorab zu sagen, daß ich für Verbitterung kein Verständnis habe. In meinem Leben kommen derartige Gefühle einfach nicht vor. So mancher alte Freund und Mitarbeiter hat einen anderen Weg eingeschlagen als ich. Ich habe ihn dafür getadelt, aber nicht aus persönlichen Motiven, sondern weil jeder Jude hier in Israel und übrigens auch in der ganzen Welt bei einem ungeheuer großen, lebenswichtigen Vorhaben benötigt wird, der Errichtung unseres Landes. Fehler kosten Zeit und Menschenleben, und beides können wir uns nicht leisten. Daher sehe ich den Problemen nicht gelassen, sondern leidenschaftlich ins Auge. Auch meine Kollegen tun das, und daher wird es gelegentlich dramatisch. Aber das hat mit Verbitterung nichts zu tun. Anfangs kam ich her, um zu schaffen, später zum Denken und zum Schreiben. Für solche Beschäftigungen braucht man Einsamkeit. Zum einen genieße ich es, im Negev zuzuschauen, wie die Wüste sich dank eines ausschließlich jüdischen Schaffensaktes in den fruchtbarsten Teil Israels verwandelt. Zum anderen habe ich hier Ruhe, Weite und jene Nähe der Natur, die ich brauche, um meinen Gedanken und dem, was ich niederschreibe, die Dimension zu verleihen, nach der ich suche.

Über das Bedürfnis des Menschen nach Alleinsein wäre viel zu sagen. Für einen der größten Vorteile unseres Kibbuz halte ich, daß, obwohl er ein Kollektiv ist, hier ein ganz besonders ausgeprägter Sinn für die Privatsphäre des einzelnen herrscht. Wir arbeiten gemeinsam, aber jeder hat Zeit und Gelegenheit, mit sich allein zu sein. Das ist sehr wichtig. Ich selber bin viel mit mir allein gewesen, und ich bedauere das nicht. Ganz im Gegenteil. Jeder Mensch muß in sich selber nach der Rechtfertigung seiner Existenz suchen. Jetzt, da ich alt werde, muß ich dem Tod entgegensehen. Ein junger Mann fragte mich kürzlich, ob ich das Sterben fürchte. Ich erwiderte mit einem Trick des Talmud, indem ich eine Gegenfrage stellte: »Hilft es mir, wenn ich Angst habe? Ich weiß, daß ich eines Tages sterben muß, warum also sollte ich mich davor fürchten?« Fragen nach dem Tod sollten nur mit Gegenfragen beantwortet werden.

Indessen habe ich noch Grund zu leben, und es ist der gleiche Grund wie immer: meine Arbeit. Der Negev hat mir für den Rückblick auf die Erlösung Israels in neuester Zeit die Ruhe und die erforderliche Perspektive gegeben. Niemand hat bislang die Geschichte im ganzen erzählt. Die jüngere Generation soll aber erfahren, wie das, was ist, zustande kam, dann wird sie auch die Zukunft besser verstehen. Das Buch, an dem ich schreibe – und wenn ich so lange lebe, werde ich wohl noch einmal sieben Jahre daran schreiben –, stellt Israel als ein Kontinuum dar. Noch gibt es die Nation als lebensfähiges Ganzes nicht wirklich. Wir haben einen Anfang gemacht, einen guten Anfang. Aber Anfänge sind nicht genug. Das muß unsere Jugend erfahren. Und ebenso wie die Gründer von Sde Boker soll auch sie aus unserer Botschaft ersehen, daß sie hier in der Wüste benötigt wird.

Ich bin jetzt natürlich viel einsamer, weil Paula tot ist,

meine Frau. In den Jahren, die wir miteinander verbrachten, waren wir wirklich eines, ein Geist, wie die Thora von Mann und Frau sagt. Es ist also nur noch die Hälfte dessen übrig, was mein Leben ausgemacht hat. Ihr Tod war nicht nur so schlimm, weil er ganz überraschend kam, sondern auch, weil ich immer geglaubt habe, ich würde vor ihr sterben. Das Schicksal hat anders entschieden, und dem muß man sich beugen. Paula war eine bemerkenswerte Frau. In ihrer Jugend wußte sie kaum etwas vom Zionismus, wenig vom Judentum. Sie kam aus Amerika, und als wir zu heiraten beschlossen, sagte ich, sie müsse fortan in Israel leben. »Ich will nur Eretz Israel und Dich, und ich glaube, ich bekomme beides«, schrieb ich ihr in jener Zeit. Und weil sie mich liebte, kam sie.

Als ich der Jüdischen Legion beitrat, waren wir erst wenige Monate verheiratet, und sie erwartete ein Kind. Als sie erfuhr, daß ich nach Kanada mußte und daß es immerhin möglich war, daß wir uns nie mehr sehen würden, weinte sie bitterlich. Sie meinte, was ich tat, sei Wahnsinn. Und doch wußte sie, daß ich meinen Weg zu gehen hatte, und sie versuchte nicht, mich davon abzuhalten. Ich bestimmte, welchen Namen das Kind haben und was aus meinen wenigen Habseligkeiten werden sollte, falls ich nicht wiederkäme.

Nach dem Krieg lebten wir wieder miteinander in Israel, und sie teilte im Laufe der Jahre meine Arbeit, mein Leben, meine Hoffnungen. 1953 eröffnete ich ihr plötzlich, wir würden fortan in der Wüste leben. Wieder sagte sie, es sei Wahnsinn, die Regierung abzugeben und künftig hier draußen zu leben. Aber sie folgte mir trotzdem und machte sich daran, hier ein Heim für uns zu schaffen. Dafür habe ich sie sehr bewundert. Nicht viele Frauen hätten eine solche Verpflanzung gelassen hingenommen. Immer hat Paulas Zuneigung mich gerührt und gestärkt. Sie verstand es, meine Ziele zu den ihren zu machen, und seit sie fort ist, ist mein Leben sehr einsam. Doch bleibt mir die Arbeit. Selbst die Trauer darf einen nicht an der Erfüllung gestellter Aufgaben hindern.

Paula verstand auf ihre Weise sehr gut, welche Anziehungskraft der Negev für mich hat und für uns alle haben muß. Sie wäre lieber in Jerusalem geblieben, doch sie wußte, daß unsere Anwesenheit hier erforderlich war und daß der nächste Akt in der Erlösung Israels vor diesem Hintergrund ablaufen würde.

Noch etwas über den Negev. Nirgendwo, auch in Jerusalem nicht, ist der Zusammenhang mit der Vergangenheit so eng wie hier. Abrahams Auffassung vom Negev und der Bedeutung, die ihm als einem Teil des Gelobten Landes im Leben seines Volkes zukam, ähnelte sehr der Auffassung, die wir von der Rolle des Negev im heutigen Israel haben. Er überschritt den Euphrat, drang nach Kanaan vor und wanderte immer weiter nach Süden. Nachdem er notgedrungen seinen Hunger in Ägypten gestillt hatte, kehrte er wiederum hierher zurück. ›Abraham aber pflanzte eine Tamariske zu Beer-Schewa und rief dort den Namen des Herrn an, des ewigen Gottes‹, heißt es in der Schöpfungsgeschichte (Mose I, 21: 33). In diesen schlichten Worten ist die Gottesvorstellung des Judaismus zugleich mit der Beschreibung der Fruchtbarmachung dieses unfruchtbaren Bodens enthalten. Zusammengefaßt heißt das, Abraham hat dieses Land seinem Volk geweiht, und mit unserer Arbeit folgen wir in seinen Spuren.

Solange Israel hier wohnte, hat die Wüste geistig und wirtschaftlich ihre Bedeutung gehabt. ›Und Schiffe baute Salomo zu Ezjon-Geber, das bei Elot liegt, am Ufer des Schilfmeeres im Lande der Edomiter‹. (Könige I, 9: 26) Und auch der König Ahab und seine Nachfolger hatten hier politische Interessen, ganz zu schweigen von Mose, der mit den Kindern Israel hier vierzig Jahre lang umhergewandert ist.

Heute ist es für Israel lebenswichtig geworden, in südliche Richtung zu denken. Wie schon gesagt, muß die Bevölkerung gleichmäßiger über das Land verteilt werden. Wir müssen Industrien, die viel zu stark in der Küstenebene konzentriert sind, hierher verlagern. Vom Forscher her gesehen ist gerade die Unfruchtbarkeit des Negev vielversprechend, – welche Schätze mögen unter dem Sand verborgen liegen? Wir müssen alles, was den Negev zum Blühen bringen kann, systematisch erforschen. Denn wenn wir nicht den Negev besiedeln, fehlt uns einfach die Ellbogenfreiheit – so begründete der amerikanische Pionier Daniel Boone sein unablässiges Vordringen nach Westen, in die unerforschte Wildnis des Kontinents –, die wir brauchen, um Israel wirtschaftlich unabhängig und militärisch unbesiegbar zu machen. Wir können in der Defensive nicht genug zurückweichen, aber das ist zu erreichen – mindestens insoweit in der Ära der Flugzeuge, der Atombomben und der Raketen solche Konzeptionen noch Sinn haben –, indem wir einen ausreichenden Teil unserer Bevölkerung hierher verpflanzen und das Land fruchtbar machen.

Eine solche Verpflanzung ist nicht leicht, doch sie wird die Zufriedenheit erzeugen, die aus dem Geschaffenen kommt. Hierzu ein Beispiel aus meinem eigenen Erleben. Als ich herkam, kosteten uns knapp hundert Gallonen Wasser fünf Dollar, denn es mußte dreißig Meilen transportiert werden, aus Beerscheba. Heute kommt es durch eine Leitung, nicht aus Beerscheba, sondern aus Jarkon bei Tel Aviv, genug, um das Plateau zu bewässern, auf dem Sde Boker liegt. Dort wachsen Gras und Bäume, die Tiere können getränkt werden, und wir haben eine richtige Ernte. Wir haben diesen grünen Flecken gewissermaßen in Befolgung der biblischen Aufforderung hervorgebracht, daß der Mensch seinem Schöpfer nacheifern solle, der die Erde erschaffen hat.

Die Wüste ist ein ständiger Vorwurf für die Menschheit, sie bedeutet eine verbrecherische Verschwendung in einer Welt, die ihre Bewohner nicht ernähren kann. Selbst für Israel bedeutet diese Unfruchtbarkeit einen Vorwurf. Die Mehrzahl der Juden, die nach Israel kommen, bleiben in Tel Aviv oder in Jerusalem. Ich habe etwas gegen die großen Städte, sie kehren die schlimmsten Seiten im Menschen heraus.

Meiner Ansicht nach ist jeder Mensch eine Mischung aus guten und schlechten Eigenschaften, und ich meine, daß die Fähigkeit des Menschen, Übles zu tun und sich selber zu schaden, weit größer ist als seine Fähigkeit, Gutes zu tun. Ihrer Anonymität und ihrer Unpersönlichkeit wegen haben die großen Städte einen üblen Einfluß auf das Individuum. Sie nehmen ihm das Gefühl dafür, daß er unmittelbar für seinen Mitmenschen verantwortlich ist. Wie kann ›seines Bruders Hüter‹ im biblischen Sinne sein, wer in einem Mietshaus wohnt, wo einer den anderen nicht kennt? In New York wollte ich einmal einen Landsmann aus Israel besuchen, der damals dort wohnte. Ich fragte jeden, der mir begegnete, nach ihm, aber niemand konnte mir Auskunft geben. Dann, eines Tages, traf ich ihn zufällig in dem gleichen Wolkenkratzer, in dem auch ich wohnte. »Ich habe Sie überall gesucht«, sagte ich zu ihm, und er sagte: »Auch ich habe nach Ihnen gesucht.« Es stellte sich dann heraus, daß wir seit Wochen im gleichen Gebäude wohnten, ohne voneinander zu wissen. Das ist das Großstadtleben.

Anhäufungen wie Tel Aviv sind etwas Unnatürliches. Sie zerstören gerade jenen Geist, dessen Israel bedarf, wenn es sich selber treu bleiben will. Dieses Land ist kein jüdisches Hotel, sondern ein besonderer Ort, der ganz besondere Anforderungen an alle stellt, die auf seinem Boden leben. Was Israel uns zu lehren hat, wird viel leichter begreiflich auf dem Lande – in den kleinen Gemeinwesen, wo jeder seinen Nachbarn kennt, wo gemeinsame Erlebnisse und lange Bekanntschaft Solidarität erzeugt haben –, als in den bienenstockartigen Gebäuden, die dicht gedrängt neben hundert anderen Bienenstöcken beiderseits eines langen, unpersönlichen Boulevards stehen.

Für Städteplaner kann der Negev ein wahres Experimentierfeld werden. Hier könnten wir mühelos fünf Millionen Menschen unterbringen. Jawohl, fünf Millionen! Und zwar unbeengt, mit allem Komfort, in einer ruhigen, schönen Umgebung. Sie können in Siedlungen wohnen, die so klein sind, daß der Nachbarschaftsgeist lebendig bleibt. Mehr als zehntausend bis fünfzehntausend Menschen brauchen nirgendwo zusammenzuwohnen, und doch haben wir genügend Raum für fünf Millionen oder mehr. Sind sie einmal hier, sind sie aus Tel Aviv entkommen und haben hier eine Heimat gefunden, dann brauchen wir keine Angst mehr zu haben, daß die Ägypter oder sonstwer durch Raketenfeuer auf eine einzige Stadt gleich die halbe Bevölkerung töten.

Wir brauchen die Juden aus Amerika, aus Rußland, aus Rhodesien, dem Irak, kurz von überall. Sie sollen hier so frei und erfüllt leben, wie sie nirgend anders leben können. Sie müssen hier aber schwer arbeiten, um eine neue Zivilisation hervorzubringen, nicht, was wir heute schon haben, sondern etwas ganz anderes. Sie sollen hierher in die Wüste kommen und etwas schaffen, das ganz anders ist als alles, was man bisher auf Erden gesehen hat, etwas, das in diese Umgebung paßt und den Menschen überall auf der Welt zum Vorbild dienen kann. Je mehr kommen, desto mehr werden sich angelockt fühlen. Zuerst werden die Besten kommen, die echten Pioniere, die innerlich genügend gefestigt sind, um den Entbehrungen hier draußen standzuhalten. Das hat schon angefangen.

Israel wird überleben, weil es von bester Qualität ist. Es ist ein kleiner Staat, und es besteht nur, weil seine Bewohner in der Bedrängnis Seelenstärke und Charakter bewiesen haben. Jetzt brauchen wir in jedem Tätigkeitsbereich die besten Begabungen, aber Qualität ist nicht zu haben ohne Quantität, und je mehr Juden kommen, desto größer ist unsere Aussicht, auf den unterschiedlichsten Gebieten Fertigkeiten und Sachverstand zu vergrößern.

Was speziell die Wüste angeht, so möchte ich, daß Israel führend wird auf dem Gebiet der Meerwasserentsalzung. Benötigt wird ein Prozeß, der große Mengen bei geringsten Kosten und einfachster Wartung liefert. Das klingt wie ein Traum, aber sollte Israel sich fürchten vor Träumen, die auf dem Wege über die

Naturwissenschaften, die Phantasie und das Pionierwesen die Natur umgestalten? Nein, denn das ist unsere Berufung. Und die Meerwasserentsalzung ist nicht nur für uns von Bedeutung, sondern für hunderte Millionen Menschen, die hungern, weil sie nur einen Bruchteil ihres verfügbaren Landes bestellen können.

Der Fortschritt der Naturwissenschaften hängt ab von der Phantasie und den Bedürfnissen der Gesellschaft. Die jüdische Gesellschaft braucht den Negev und muß ihn bevölkern, und hier kann eine spezifisch jüdische Bemühung wirksam werden, unser Wissen zu vergrößern und die natürlichen Gegebenheiten des Gelobten Landes zu entwickeln. In diesem Augenblick der Geschichte entscheidet sich das Los Israels nicht in Kämpfen mit Feinden jenseits der Grenzen, sondern im Erfolg oder Mißerfolg des Versuches, jene Wüsten fruchtbar zu machen, die 60% unseres Landes bedecken.

Seit unsere Verteidigungskräfte die Wüste 1948 zurückgewonnen haben, ist sie eifrig erforscht worden. Diese Forschungen sind aber noch nicht umfangreich genug, und die vermuteten Bodenschätze sind noch immer weit größer, als die tatsächlich festgestellten. Immerhin haben wir Phosphat gefunden, Uran, Gips, Granit, Marmor, erstklassigen Sand zur Glasherstellung (Israel war der Glaslieferant der Alten Welt), bituminöses Gestein, Kaolin und Erdgas. Flora und Fauna, Klima und Niederschlag, Qualität und geologische Struktur des Wüstenbodens müssen noch eingehender untersucht werden.

Ferner erscheint mir der große Binnensee des Negev, das Tote Meer, von überragender Bedeutung, auch wenn es von Bebauungsplanern noch kaum beachtet worden ist. Es ist ein einzigartiges Gewässer, in der tiefsten Erdsenke gelegen, rund 400 Meter unter dem Meeresspiegel. Nirgendwo auf der Welt finden sich auf so engem Raum so viele Salze und Mineralien. Es enthält ungefähr zwei Milliarden Tonnen Pottasche, mehr als zwanzig Milliarden Tonnen Magnesiumchlorid, etwa zehn Milliarden Tonnen Calziumchlorid, etwa eine Milliarde Tonnen Magnesiumbromid und Mineralien. Vermutlich liegen Dinge da, an die wir noch gar nicht gedacht haben. Wie ich höre, gibt es dort auch viele Heilquellen.

Um die Erforschung dieses Gebietes zu fördern, habe ich mich sehr um die Gründung einer Akademie des Negev bemüht, die wir jetzt hier in Sde Boker eingerichtet haben. Derzeit ist sie hauptsächlich mit der Ausbildung von Grund- und Oberschullehrern beschäftigt, die in den immer zahlreicher werdenden Siedlungen benötigt werden. Es entsteht aber auch schon ein Forschungszentrum, das von Forschern aller Disziplinen besucht wird, die sich auf dieses Gebiet konzentrieren wollen. Wir wünschen, daß die Akademie des Negev mit der Zeit ein anerkanntes internationales Studienzentrum wird, das sich mit der Entwicklung von Wüstengebieten im allgemeinen und dem Negev im besonderen befaßt. Ich hoffe sehr, daß die Akademie sich ihre Aufgeschlossenheit gegenüber allen Disziplinen bewahrt; heute kann man hier alles studieren, was sich mit der weiteren Umgebung in Beziehung setzen läßt, von der Architektur bis zur Ökologie, von Sozialforschung bis zur Agronomie.

Der Negev bietet den Juden die beste Gelegenheit, vom ersten Schritt an alles selber zu bewerkstelligen. Dies ist eine wichtige Stufe in der Erlösung Israels,

denn indem der Mensch sich zum Herrn der Natur macht, wird er auch zum Herrn seiner selbst. In diesem Sinne – und das ist kein mystischer, sondern ein sehr praktischer Sinn – sehe ich unsere Erlösung.
Israel muß fortfahren, sich sein Staatlichkeit zu verdienen und das jüdische Volk mit seiner ehrfurchtgebietenden Vergangenheit zu verkörpern. Es muß seiner selbst wert bleiben, eine große Leistung, die nur in der Wüste vollbracht werden kann.
Wenn ich heute von meinem Fenster aus einen Baum da draußen sehe, dann ist dieser Baum für mich schöner als alle Wälder in der Schweiz oder in Skandinavien. Denn jeder Baum ist von uns gepflanzt worden, und das Wasser, das ihn nährt, haben wir mit Kosten und Mühe hergeschafft. Warum liebt eine Mutter ihre Kinder? Weil sie sie erschaffen hat. Warum fühlt der Jude sich zu Israel hingezogen? Weil hier noch alles darauf wartet, vollbracht zu werden. Es ist sein Vorrecht und seine Pflicht, an diesem Schöpfungsakt teilzunehmen. Die Bäume von Sde Boker sprechen zu mir auf besondere Art, in einer anderen Sprache als Bäume anderswo. Nicht nur, weil ich geholfen habe, sie wachsen zu machen, sondern weil sie ein Geschenk des Menschen an die Natur sind und ein Geschenk der Juden an die Wiege ihrer Kultur.

Frieden

(Die fortdauernde Feindschaft zwischen Israel und den arabischen Staaten ist die Hauptsorge aller Israelis. Die schwierige Lage, in der das Land sich derzeit befindet, erinnert zu sehr an die Ungewißheit, welche die Juden in der Zeit der Zerstreuung ertragen mußten, als daß sie sich dabei wohlbefinden könnten.

Jude sein, hat zu oft bedeutet, von der übrigen Menschheit geschieden sein, als Vogelfreier leben, den die anderen straflos für alles Mißgeschick verantwortlich machen, an dem sie alle ihre Aggressionen austoben dürfen. Die Wiedergeburt Israels schuf einen Staat, den die Juden ihr eigen nennen, von dem aus sie als Ebenbürtige mit der Welt verhandeln konnten. Paradoxerweise findet sich Israel als Staat aber wiederum von einem großen Teil der Erdbewohner isoliert. Es ist heute der ›Jude‹ unter den Staaten, vereinsamt und in der Völkerfamilie ebenso oft zum Sündenbock gemacht, wie die Juden auf ihren Wanderungen vereinsamt waren und von ihren Mitmenschen zu Sündenböcken gemacht wurden.

Verfolgung ist nur die eine Seite der Medaille. Israel wird bewundert und gehaßt, geachtet – besonders sei-

ner sozialen Einrichtungen wegen – und verleumdet, aus Gründen politischer Zweckmäßigkeit wie um religiöser Vorurteile willen. Auch in dieser Hinsicht gleicht es den Juden der neueren Geschichte, die auf ihren ruhelosen Wanderungen häufig Zuflucht fanden, wenn auch kaum je auf Dauer. Und von den Juden muß gesagt werden, daß sie, obwohl ausgeplündert, der westlichen Welt noch ihre Glaubensvorstellungen zu geben hatten. Im Anfang, so sagt die Bibel, war das Wort – und das Wort kam von den Juden in hebräischer Sprache. Die Botschaft wurde auch von jenen als Erbe gehütet, die deren Verfasser quälten.

So ergeht es auch Israel, dessen Kibbuzim und Moschavim zum Beispiel den Tunesiern als Vorbild dienen bei ihren Bemühungen, die Landwirtschaft auf kollektiver Grundlage zu entwickeln. Tunesien scheut sich durchaus nicht, Israels Einrichtungen nachzuahmen und zugleich die Existenz des Staates Israel zu beklagen. Man muß hinzufügen, daß Tunesiens Bemühungen nicht der Erfolg beschieden war, der eingetreten wäre, hätte man gewagt, israelische Experten zu konsultieren, die auf eine fünfzigjährige Erfahrung zurückblicken. Doch noch hat kein arabischer Staat den Mut, sich den Beschimpfungen auszusetzen, die er von seiten anderer arabischer Staaten erfahren würde, wenn er Beziehungen zu Israel knüpfte, und seien diese auch noch so vorteilhaft. Tunesiens tapferer Versuch, israelische Konzeptionen den eigenen Bedingungen anzupassen, schlägt fehl, weil Unwissenheit und Halsstarrigkeit die Tunesier hindern, sich an der Quelle zu informieren, also in Israel selber.

Ob nun also verabscheut oder bewundert, beschimpft oder nachgeahmt, die Juden als Volk und Israel als

Staat leiden unter Isoliertheit. Da liegt das Problem, und für Israel ist keine rasche Lösung in Sicht. Die braucht es allerdings auch nicht. Es muß nur seinen derzeitigen Kurs verfolgen, also überleben und sich weiter entwickeln. Darüber hinaus kann es nur nach einem modus vivendi mit seinen Nachbarn suchen, ohne jenen nachzugeben, die es vernichten möchten. Die Heimat der Juden kann nur in Frieden ihre Möglichkeiten verwirklichen und den ihr zukommenden Besitzstand erreichen.
Ben Gurion hat in diesem Punkt weder leichtfertige Versprechungen zu bieten, noch sieht er schnelle Lösungen. Er hat aber die ruhige Gewißheit, daß Israel über die Fähigkeit seiner Feinde, es zu zerstören, triumphieren und daß der Tag kommen wird, da diese Feinde vor seinen Toren erscheinen, nicht in feindlicher Absicht, sondern bereit, den Nahen Osten zum Wohle seiner Bewohner zu erschließen.)

Man fordert mich häufig auf, vorherzusagen, wie und wann der Friede in Israel einkehren wird. Und immer muß ich durch das Eingeständnis enttäuschen, daß ich solche Voraussagen nicht machen kann. Daß es sich um eine sehr komplexe Lage handelt, liegt wohl auf der Hand, denn alles, was im Nahen Osten geschieht, hat Auswirkungen auf die Weltpolitik und umgekehrt.
Es gab einmal eine Zeit, da funktionierten die einzelnen Weltteile unabhängig voneinander. Tausende von Jahren ahnte man anderswo nichts von der großen chinesischen Zivilisation, und in China ahnte man kaum, daß auch außerhalb der Mauer noch Leute wohnten. In Europa wußte kein Mensch etwas von Amerika oder Australien. Sogar innerhalb des römischen Rei-

ches dauerte es Wochen, bis man in der Hauptstadt von Vorgängen an den entfernten Grenzen erfuhr, und das hatte dann auch nicht unbedingt Einfluß auf den Ablauf des täglichen Lebens in Rom.

Heute ist innerhalb von Stunden überall bekannt, was irgendwo geschieht. Die größten Staaten sind von anderen Staaten abhängig. Die Nöte der Amerikaner in Vietnam wirken sich nicht nur bei den unmittelbar Beteiligten aus, sondern auch in Europa, in Südamerika und so weiter. Was in der Tschechoslowakei vorgeht, ist von höchster Wichtigkeit für die Sowjetunion, und deren Innenpolitik wiederum beeinflußt ihre Satelliten. China steht offenbar noch allein, nicht einmal von den Vereinten Nationen akzeptiert, aber es weiß ebensogut, daß es von den Vorgängen in Asien berührt wird, wie Asien weiß, daß China im Grunde fähig ist, diesen ganzen Erdteil zu verschlingen.

Unglücklicherweise leben wir noch nicht in einer geeinten Welt, aber wir werden alle beeinflußt von dem, was anderswo geschieht. Man kann nur hoffen, daß unsere Ära die Vorstufe zu einer friedlichen Weltordnung ist und nicht die zur Vernichtung der Gattung. So wie die Dinge derzeit liegen, kann beides leicht eintreten. Auf unsere Situation läßt sich sehr wohl das Bibelwort anwenden, Gott hat alles vorgesehen, doch der Mensch hat die Wahl, er kann sein Leben so ordnen oder auch anders. Heute ist diese Wahl folgenschwerer als je zuvor. Man braucht Vertrauen in den Menschen und Optimismus, wenn man die Hoffnung behalten will, daß die Menschheit ihre aggressiven Tendenzen überwindet, ehe diese sie vernichten.

Die Juden sind seit je Optimisten gewesen, obschon sie in ihrer langen, gramvollen Geschichte wenig Grund dazu gehabt haben. Doch brachten sie es immer wieder fertig, an sich selber zu glauben und aus den Prüfungen, die ihnen auferlegt wurden, mit festen Zukunftserwartungen hervorzugehen. Daß die Opfer von Auschwitz einander mit ›Nächstes Jahr in Jerusalem‹ grüßen konnten, scheint auf den ersten Blick geradezu skandalös optimistisch bei Individuen, denen keine Hoffnung blieb. Aber bei genauerem Hinsehen erkennt man, wie edel ein solcher Gruß ist, der dem Feind seinen Triumph versagt und zugleich unerschütterliches Vertrauen in den eigenen Triumph ausdrückt. Man sollte bedenken, daß die, die diese Worte sprachen und an dieser Vision festhielten, buchstäblich gerechtfertigt wurden, wenn sie selber auch nicht mehr die Heimkehr miterleben konnten.

Verzweiflung führt nirgendwohin. Während ihrer tausendjährigen Verfolgung haben die Juden das nie vergessen und nie den Glauben an eine Gerechtigkeit, an Frieden und Gleichheit der Menschen verloren. Ganz gewiß haben die Juden in Israel bedrückende Tage vor sich. Es liegen ungeheuer schwer zu bewältigende Aufgaben vor ihnen, und sie werden ihre dunklen Stunden haben. Da ich aber habe sehen dürfen, wozu sie imstande sind, wenn sie vor anscheinend Unmöglichem stehen, bezweifle ich keinen Moment, daß sie unerschütterlich die Schatten durchschreiten und sich in diesem Land behaupten werden, für dessen Wiederinbesitznahme sie so viel gelitten und gekämpft haben. Ganz praktisch gesehen meine ich, daß wir auf längere Zeit nicht damit rechnen können, daß die uns entgegengebrachte Feindschaft abnimmt; wir sollten uns darauf einstellen, den gegenwärtigen Zustand zu ertragen, so gut wir können. Unsere Zukunftspläne sind sehr einfach und ganz pragmatisch. Wir müssen weiterleben, das Land erschließen, mehr Einwanderer aufnehmen, ihnen Arbeit zuteilen, unsere Bildungseinrichtungen für immer mehr Bürger verbessern, die Wüste besiedeln, so daß Israel endlich autark wird, und dabei mit allen Mitteln – außer der Aufgabe unserer staatlichen Integrität – versuchen, den Frieden herbeizuführen.

Irgendwann einmal werden wir uns mit unseren Nachbarn einigen. Sowohl in Israel als auch in den arabischen Ländern wächst eine neue Generation heran. Diese jungen Leute werden einander besser verstehen, als ihre Eltern und Großeltern einander verstanden, weil sie vieles miteinander gemein haben, unter anderem wurzeln sie alle im gleichen Teil der Welt. Werden denn die jungen Araber einen endlosen Konflikt im Namen eines zweifelhaften Heiligen Krieges hinnehmen, dessen Ziele ungewiß sind und dessen Weiterführung die Entwicklung ihrer eigenen Länder verhindert? Ich glaube das nicht, denn ich habe zu großes Vertrauen in den gesunden Ikonoklasmus der Jungen.

Natürlich kann ein sogenannter historischer Zufall den Frieden fördern. Bedenkt man die Komplexität der Nahostpolitik, dann ist nicht ganz auszuschließen, daß die Großmächte unter sich eine Einigung erzielen, die für alle Beteiligten annehmbar ist – ich selber sehe das derzeit allerdings überhaupt nicht. Ich sehe, daß jedes Nachlassen der Spannung im Nahen Osten nicht nur nachteilig für die russischen Bestrebungen in diesem Teil der Welt wäre, sondern auch für die anderer Mächte. Die jüngsten Versuche, eine solche Einigung herbeizuführen, sind eigentlich nur dadurch bemerkenswert, daß sie auch nicht den allerkleinsten Erfolg aufzuweisen hatten.

Ein Ende unserer Nöte sehe ich eigentlich erst, wenn der Weltfriede hergestellt wird, nicht durch eine partielle Befriedung speziell dieses Gebietes. Und wann wird der Weltfriede eintreten? Wer kann das sagen? Nur soviel läßt sich sagen, daß er eintreten muß, ehe es zum Atomkrieg kommt. Ich vermute, daß, falls Europa sich wirklich einigt, der Friede in den nächsten zwanzig bis dreißig Jahren eine Chance hat, ›auszubrechen‹. Ein Vereinigtes Europa könnte das zustande bringen, indem es sich als ebenbürtige Dritte Kraft in der Weltpolitik etabliert. Dies würde dazu führen, daß die USA und die UdSSR näher zusammenrücken müssen, um ihre Interessen zu verteidigen. Ein vereinigtes Europa wäre auch ein unabhängiges Europa, eine dritte Macht, die als Gegengewicht gegen die beiden anderen wirksam würde, und es hätte ein starkes Interesse an guten Beziehungen zum gesamten Nahen Osten, würde also auch zur Befriedung dieses Gebietes beitragen.

Wir bedauern außerordentlich, daß wir uns nicht unmittelbar mit unseren Feinden über den Frieden verständigen können, doch die Araber sitzen in einer selbstgebastelten ideologischen Falle. Sie können sich nicht von den Wirkungen einer verhängnisvollen Feindseligkeit befreien, die sich aus sich selber ständig erneuert und in ihrer Frustration geradezu religiösen Charakter annimmt.

Man fragt sich, was die Araber mit Israel anfangen könnten, wenn sie es erobert hätten. Vermutlich würden sie die Uhr um 1000 Jahre zurückdrehen und das Land verkommen lassen. Es gäbe hier jedenfalls für sie nichts Sinnvolles zu tun, nichts, was sie wirklich wünschen oder brauchen. Für die Araber ist der Krieg gegen Israel nie Zweck gewesen, sondern ein machiavellistisches Mittel zur Erlangung der inneren und der panislamischen Einigkeit, bei Unterlassung jeden Versuches, mit den eigenen drängenden Nöten fertig zu werden. Die Feindschaft ist als solche im wesentlichen mystischer, irrationaler Art, und man kann ihr mit Logik und gutem Willen nicht beikommen. Wir Israelis denken uns jeden Tag eine neue vernünftige Beilegung des Konfliktes aus, wir sind bereit, hier ein bißchen zu geben, da ein bißchen zu nehmen, und jeden Tag sehen wir uns von neuem wahnhafter Unvernunft gegenüber. Unter diesen Umständen können keine Verhandlungen geführt werden.

Es ist eine der Tragödien der Araber, daß es, abgesehen vom Libanon, nirgendwo in der arabischen Welt Meinungs- und Pressefreiheit gibt. Wir kennen darum die Abstufungen der Gefühle nicht, die es in den gebildeten Schichten sicherlich gibt. Wir erfahren nur, was die Herrscher denken, doch die drücken ihre Gedanken nur in Formeln aus, in der Hoffnung, daß ihre Völker ihren Haß auf uns genießen und darüber ihren Hunger vergessen. Es ist das alte römische Rezept: Zirkusspiele statt Brot. Für die Staatschefs ist es eben viel leichter und viel anregender, Krieg zu führen, als sich tagein, tagaus mit der Entwicklung von Industrie und Landwirtschaft zu plagen, sich mit Mühe am eigenen Zopf aus dem Sumpf des Feudalismus in die moderne Welt zu ziehen. Auch sind die Wege zum Frieden voller politischer Stolperdrähte. Ein Land fortentwickeln, bedeutet für den Staatschef, daß er sich den Anwürfen aller jener aussetzt, deren überkommene Interessen er notgedrungen verletzen muß. Da ist es schon besser, alle Welt zu blenden mit einer Mission, die Gelegenheit gibt zur Aktion, zum Tragen von Uniformen und zur Beseitigung der Arbeitslosen, nicht durch Schaffung von Arbeitsplätzen, sondern indem man sie im Kriege abschlachten läßt.

Ägypten ist diejenige Macht, die zu dieser im Grunde selbstzerstörerischen Haltung am meisten beiträgt. Ich mache Nasser größere Vorwürfe als irgendeinem anderen arabischen Herrscher, weil ich glaube, daß er früher einmal die Fähigkeit, das Konzept und die Mittel besaß, das Los seines Volkes zu bessern und dieses sinnlose Kriegskarussell anzuhalten. Nasser besaß, wie ich glaube, alle Voraussetzungen, nur die eine nicht, die man im Volksmund ›Mumm‹ nennt. Man muß ihn leider mit Mussolini vergleichen, der ebenfalls mit den besten Plänen und Absichten an die Macht kam und schon so bald die eigentlichen Nöte seines Landes vergessen hatte. Der ägyptische Mussolini, der sich von dem Glanz russischer Waffen blenden ließ – wie eine Bauerndirne von einem Großstadtstrizzi –, er machte sich an die Eroberung des Nahen Ostens. Und wie der Duce kam auch er nicht weit. Jetzt ist es schon recht spät, von der aggressiven Politik zu lassen und einen neuen Anfang zu machen. Nasser ist der Gefangene seiner eigenen Höllenmaschine, die ihn einerseits verpflichtet, den Sowjets zu gehorchen, andererseits einem Volke, das aufgehetzt ist gegen einen Nachbarn, dessen Freundschaft eben diesem Volke besonders bekömmlich wäre.

Eine der albernsten und betrüblichsten Untaten, die Nasser an seinem Lande begangen hat, ist meiner Ansicht nach die Änderung von dessen Namen. Das sechstausend Jahre alte Ägypten soll es plötzlich nicht mehr geben. Es heißt jetzt Vereinigte Arabische Republik, ist aber in Wahrheit weder vereinigt, noch arabisch, noch Republik. Diese Namensänderung ist symptomatisch. Nasser hatte es in der Hand, sehr viel Gutes zu bewirken, aber er nutzte seine persönliche Begabung dazu, sein Land aus einer englischen in eine russische Kolonie zu verwandeln und die nationalen Kräfte in Eroberungszügen zu verschwenden, die immer wieder mit Niederlagen endeten. Er hatte die Gelegenheit, in die Geschichte des 20. Jahrhunderts als großer Staatsmann einzugehen; statt dessen hat er sich zu einem zweitklassigen Tyrannen entwickelt, dessen Berührung nicht Steine in Gold verwandelt, sondern die natürlichen Hilfsmittel Ägyptens in Staub. Und doch ist er der Mann, mit dem früher einmal Frieden zu schließen gewesen wäre. Das ist aber lange her, und es hat keinen Sinn, die Handlungen von Diktatoren zu betrauern. Man fragt sich, was wohl daraus hätte werden können, wie man sich fragt, was nun wohl künftig das Los Nassers und seiner VAR sein kann. Derartige Spekulationen führen zu nichts. Verpaßten Gelegenheiten kann man nachweinen, aber es ist mit ihnen wie mit Fehlern, die man unwiderruflich gemacht hat.

Der Libanon ist wohl das einzige Nachbarland, das sein Verhältnis zu Israel einigermaßen vernünftig und darum mit Bedauern betrachtet. Wir sagen hier immer, der Libanon wird das zweite Land sein, das Frieden mit uns schließt. Nicht das erste, denn dieses Händlervolk ist nicht gerade wagehalsig und auch zu sehr auf das arabische Ölgeld angewiesen, als daß es eigenwillig vorgehen könnte. Aber jeder libanesische

Bankier und Händler begreift, daß die Anerkennung Israels unter veränderten Umständen bares Geld in seiner Tasche bedeutet. Blickt man von Israel hinüber in den Libanon, so sieht man dort den gleichen Mangel, die gleiche Armut auf dem Lande und in den kleinen Siedlungen wie überall in den arabischen Ländern. Beirut ist eine glitzernde, moderne Großstadt, aber auch der Libanon muß entwickelt werden, in großem Umfang. Man weiß, daß Israel dabei am besten helfen kann und daß wir dem Libanon gegenüber den Ölscheichen das Rückgrat stärken könnten.

Folgender Vorfall macht deutlich, was ich meine. In einem unserer Kibbuzim nahe der libanesischen Grenze haben wir eine Fabrik errichtet, die landwirtschaftliche Spezialgeräte bester Qualität erzeugt. Eines Tages erschien ein Zypriote im Kibbuz, der behauptete, für einen Kunden im Libanon einen großen Auftrag geben zu wollen. Angeblich handelte es sich bei diesem Kunden um die libanesische Regierung selber. Aber, so sagte der Zypriote, das Gerät muß zunächst einmal nach Zypern verschifft werden; von dort wolle dann er, als Mittelsmann, die Ware in unbeschrifteten Behältern in den Libanon schicken.

Der israelische Fabrikdirektor fand das sehr lustig und sagte: »Mir fällt da was besseres ein. Ihr libanesischer Kunde kann doch herkommen, an die Grenze, die nur eine Meile entfernt ist, das wäre bequemer für alle. Ich verkaufe ihm, was er haben will, und bezahle Ihnen auch gerne Ihre Kommission.« Daraufhin hat man weder von dem Zyprioten noch von seinem libanesischen Kunden je wieder ein Wort vernommen. Ich glaube aber, man kann hieraus ersehen, wie gerne der Libanon normale Beziehungen zu Israel aufnehmen würde, und daß man dort sehr gut weiß, welche materiellen Vorteile das hätte.

Ich will jetzt einmal den Standpunkt wechseln und auf gewisse Vorhaltungen antworten, die man Israel wegen seines Verhaltens gegen die Araber macht.

Man hat Israel beschuldigt, es habe von der Feindseligkeit der Araber auf mehrere Weise profitiert. Die Wahrheit ist mit solch generellen Vorwürfen nicht zu fassen. Ich glaube ebenfalls, daß unser Land von der arabischen Aggression in mancherlei Weise profitiert hat. Und warum auch nicht? Man muß benutzen, was einem zuhanden kommt, auch wenn es nicht gerade das ist, was man sich wünscht. Wir haben diese Feindschaft nicht erzeugt, wir haben nur lernen müssen, damit zu leben.

Man kann sagen, Tel Aviv, unsere größte Stadt, ist nur darum so groß geworden, weil wir im benachbarten Jaffa fortgesetzt Streit mit den Arabern hatten. Mir aber erscheint wichtiger, daß der arabische Boykott unserer Waren und die Weigerung unserer Nachbarstaaten, uns mit Nahrungsmitteln zu beliefern, die Juden gezwungen hat, in erheblicher Zahl die Städte zu verlassen und auf dem Lande ansässig zu werden. Ohne diesen Boykott hätte es zur Errichtung eines jüdischen Karthago kommen können, einer selbstgenügsamen Gesellschaft von Städtern, abhängig von den Lebensmittellieferungen anderer Länder. Das hätte unsere Hoffnungen auf eine gesunde nationale Wiederbelebung sehr verringert. Der Boykott israelischer Waren durch die Araber hat sich als Bumerang erwiesen und die Wirtschaft ihrer Länder geschwächt, weil sie sich eines Lieferanten und eines Abnehmers beraubten.

Indessen, Israel kann sich unter Kriegsbedingungen nicht so entwickeln, wie ihm das im Frieden möglich wäre. Ich glaube, wir sind der einzige Staat auf der Welt, der schon in der Stunde seiner Ausrufung angegriffen wurde. Und seither waren wir gezwungen, unsere besten Leute für den Krieg herzugeben, statt für friedliche Arbeit. Diese Tragödie wiegt jedenfalls sehr viel schwerer als die Vorteile, die permanente Feindschaft uns als Nation etwa eingebracht haben mag.

Man sagt auch, wenn die derzeitigen Spannungen nicht wären, liefe Israel Gefahr, allmählich in einem ›Meer des Orientalismus‹ zu versinken – was immer das nun auch bedeuten mag. Ich möchte dieses alberne Geschwätz aufs schärfste verurteilen; ich sehe darin nur das Produkt von liederlichem Denken über Israel und seinen Platz in der Weltordnung.

Das jüdische Volk ist nicht so einfach zum Verschwinden zu bringen. Es hat seine messianische Tradition, die es zusammenhält und seiner Existenz ihren Sinn gibt. Mehr als *ein* Meer östlicher und westlicher Kultur hat den Versuch gemacht, uns zu verschlingen, doch ist das nie gelungen. Die Juden haben die Welt viel stärker beeinflußt als umgekehrt.

Israel nun ist wesentlich besser in der Lage, der kulturellen Auslöschung zu widerstehen, als es die Juden im zweitausendjährigen Exil waren. Unser Auftrag hier ist doch offenkundig, alles das neu zu beleben, was mit dem ›Bund‹ des jüdischen Volkes gemeint ist, mit dem, was bewirkt, daß es Eins bleibt. Dieser Auftrag wird kaum dazu führen, daß wir uns von fremden Kulturen ›ertränken‹ lassen, sondern er bewirkt im Gegenteil eine Wiederbelebung unserer eigenen kulturellen Tätigkeit.

Am wichtigsten aber ist, daß Israel weder ein östlicher noch ein westlicher Staat ist. Er ist vielmehr beides! Er vereinigt in sich die beiden großen Strömungen des jüdischen Volkes; die der Askenasim, deren kulturelle Tradition die des Westens ist, mit der der Sephardim, die kulturelle Bindungen an den Orient hat. Und hier bietet sich Israel noch eine andere Aufgabe: Den Orient mit dem Okzident zu vereinen und einmal mehr allen Menschen ein Vorbild von Brüderlichkeit und Einheit zu geben. Jesaja wußte das, als er sagte (43, 5–6):

Vom Osten bring ich Deinen Samen
und aus dem Westen hol ich dich zusammen ...
Laß meine Söhne kommen aus der Ferne
und meine Töchter von der Erde Ende.

Diese Vereinigung von Osten und Westen ist ein unmittelbares Anliegen Israels und aller Juden überhaupt. Unsere Bevölkerung kommt aus Indien und Finnland, aus Marokko und Kalifornien, aus Argentinien und dem Jemen, aus der ganzen Welt. Es gibt dunkelhäutige Juden und hellhaarige Juden; Juden, die aussehen wie Slawen, und Juden, die Hindus gleichen; Juden, die aus Ländern kommen, wo Wolkenkratzer und Waschmaschinen, Telefone und Fernsehgeräte etwas alltägliches sind, und Juden, die nie zuvor in Häusern mit festem Fußboden gewohnt haben. Das sind die Menschen, die wir in diesem winzigen Lande sammeln, und gemeinsam ist allen einzig ihre jüdische Tradition. Und wenn wir diese disparaten Gruppen in unsere israelische Gesellschaft integrieren, verwässern wir ihre Traditionen nicht etwa, wir stärken sie noch.

Diese Integration geht übrigens rascher vor sich, als

man hoffen durfte. Zum Teil sind dafür wirklich die Araber ursächlich, denn ihretwegen haben wir unsere Verteidigungsstreitkräfte mit ihren einzigartigen Eigenschaften aufgebaut. Doch der Friede würde uns erlauben, die gleichen Kräfte für unsere Entwicklung nutzbar zu machen, und das Resultat wäre besser, weil wir alle Energien an Projekte wenden könnten, die von Dauer sind.

Ich habe die Haltung der Araber Israel gegenüber unvernünftig genannt. Daneben gibt es aber auch ganz konkrete Anschuldigungen, mit denen ich mich jetzt befassen möchte.

So haben die Araber gesagt, der islamische Teil der Welt zahle nun die Rechnung des Nazismus in Europa, denn ohne die ›Endlösung‹ wären wir hier niemals in Massen eingewandert und hätten keinen Staat gegründet. Es sei einfach ungerecht, so sagen ihre Propagandisten, daß dieser Teil der Welt für Verfolgungen zahlen solle, die sich in Europa ereignet haben.

Ich habe bereits ausführlich klargemacht, warum wir hier sind, und als Pionier von 1906 kann ich wirklich ganz aufrichtig sagen, daß das mit dem Nazismus nichts zu tun hat. Meiner Ansicht nach hat Hitler das Entstehen unseres Staates nicht beschleunigt, sondern verzögert. Mitte der dreißiger Jahre sah es ganz so aus, als sollten wir bald einen Staat bekommen, doch angesichts des dank Hitler in Europa immer näherrückenden Krieges durchkreuzte England mit dem berühmten Weißbuch von 1939 alle unsere nationalistischen Bestrebungen. Damals waren wir bereits reif, eine Nation zu werden, doch hatten wir die größte Mühe, wenigstens einen Bruchteil der europäischen Juden vor den Gaskammern zu bewahren. Wir waren nämlich einfach nicht imstande, die Mehrzahl dieser Menschen zu retten. Und wer aus Deutschland und den anderen besetzten Ländern entfliehen konnte, ist keinesfalls immer hierher gekommen, denn weder konnten wir Hunderttausende an den Engländern vorbei ins Land schmuggeln, noch hatten wir denen, die herkamen, einen echten Staat zu bieten.

Ich gebe allerdings zu, daß das Heraufkommen des Nazismus in Europa und seine Konsequenzen eine unmittelbare Wirkung auf Israel gehabt haben. Es wurde nämlich jedem einzelnen Juden vor Augen geführt, wie gefährlich es für ihn ist, keine Heimat zu haben. Der Nazismus hat den Juden gezeigt: Auch wo Juden seit fünfhundert Jahren mit ihren Nachbarn in Frieden gelebt und sich bis auf wenige Traditionen und religiöse Praktiken so gut wie assimiliert hatten an Völker, die Glaubensfreiheit und bürgerliche Gleichberechtigung kannten, wie Deutsche, Franzosen, Italiener, Holländer, Dänen und Norweger, reichte es hin, daß ein Verrückter alle Nöte der Welt einer Gruppe von Menschen anlastete, die keine 6% der europäischen Bevölkerung ausmachte, um das Verderben hereinbrechen zu lassen. So begriffen denn viele Juden, daß sie unangefochten als Mitmenschen und Juden nur existieren können, wenn sie ein eigenes Land besitzen, wo sie für etwas leben und arbeiten können, was ihrem persönlichen kulturellen Erbteil zugehört. In diesem Sinne hat der Nazismus wirklich viele Juden aus allen Teilen der Welt nach Israel gebracht. Und zwar nicht, weil sie verfolgt wurden, sondern weil sie glauben, daß es gut ist, einen jüdischen Nationalstaat zu haben. Ich habe schon gesagt, daß ich selber nie Opfer antisemitischer Verfolgung gewesen bin. Ich habe aber gesehen, daß die Juden auch in den aufgeklärtesten Gesellschaften als ›Außenseiter‹ betrachtet werden; nur hier sind sie vollgültige Mitglieder der Gesellschaft.

Als ich während des Ersten Weltkrieges bei der Jüdischen Legion in London war, widerfuhr mir folgendes: Ich war gerade erst angekommen und hatte vier Tage Urlaub. Auf dem Schiff war die Verpflegung sehr schlecht gewesen, ich war hungrig und wollte ordentlich essen. In England waren die Lebensmittel rationiert, und ich besaß noch keine Marken, ich wußte nicht einmal, daß man welche brauchte. Als ich also in einem Restaurant nach der Karte ein Essen bestellte, sagte der Kellner: »Ihre Lebensmittelkarte, bitte«, und als ich sagte, ich hätte keine, meinte er, er dürfe mir nur zwei Eier servieren. Ich aß die Eier und verlangte noch etwas. Wieder servierte er zwei Eier. Ich hatte immer noch Hunger, mochte aber nicht noch einmal bloß Eier essen. Ich ging also auf die Straße und traf hier nach einer Weile Soldaten, die ich fragte, wo man denn ohne Marken zu essen bekäme. Sie sagten: »In Whitechapel.« »Was ist Whitechapel?« fragte ich, denn ich war nie zuvor in London gewesen. »Das«, sagte einer der Soldaten, »ist das Judenviertel, da bekommt man alles.« Ich fuhr im Taxi nach Whitechapel und verzehrte ein reichliches Mahl, ohne nach Marken gefragt zu werden. Ich ging gesättigt von dannen, aber auch beschämt.

Die Bewohner von Whitechapel nannten sich zwar Engländer, aber sie hatten offenbar nicht das Gefühl, dieser Krieg sei der ihre. Sie waren eben Juden, daran war einfach nichts zu ändern, und die Nöte Englands, einschließlich der Bewirtschaftung, waren nicht die ihren. Hätte es damals schon ein Israel gegeben und hätten diese Menschen da gelebt, sie hätten sich nicht so verhalten. Es wäre ihnen wahrscheinlich gar nicht eingefallen, Verordnungen zu übertreten, die im Interesse ihres eigenen Landes erlassen werden.

Die Engländer sind die tolerantesten Menschen, die ich kenne. Seitdem die Reibungen, welche der Interessengegensatz zwischen Juden und Engländern unter der Mandatsherrschaft unvermeidlich mit sich brachte, eine Sache der Vergangenheit sind, schätze ich sie als Volk immer mehr. Es gibt in England viel Antisemitismus, doch sind die Menschen höflich genug, ihn nicht zu zeigen. Als Verteidigungsminister fragte ich einen unserer Offiziere, der auf der englischen Militärakademie Sandhurst ausgebildet worden war: »Wie sind Sie mit den englischen Offizieren ausgekommen?«, und er antwortete: »Sie sind besonders nett, und zu mir waren sie reizend. Selbstverständlich sind sie samt und sonders Antisemiten, aber einen englischen Juden würden sie das nie merken lassen.« Ihm gegenüber hätten sie dieses Vorurteil offen eingestanden, denn es richtete sich nicht gegen den Israeli, der als solcher ein Ebenbürtiger aus einem anerkannten Nationalstaat ist. Die Offiziere erklärten ihm, die Juden bedeuteten in ihrem Lande einen Fremdkörper, daher die Abneigung, die sie allerdings ihren jüdischen Mitbürgern nicht offen zeigten.

Man sieht also, daß bei aller Höflichkeit auch in England die Saat des Antisemitismus gedeiht. Und so mancher Jude findet es dort schwierig, sich sozialen Normen anzupassen, die nicht seine eigenen sind und von denen er sich auch nicht unmittelbar betroffen fühlen kann. Das ist die Lehre, die ich aus diesen beiden

Vorfällen gezogen habe. Die gewalttätigere Verfahrensweise eines Hitler und eines Stalin hat mich gelehrt, daß die Juden, soweit sie nicht in ihrem eigenen Staat leben, hier auf Erden stets und ständig die potentiellen Sündenböcke abgeben müssen, ausgesetzt der Willkür jener, die ihnen um ihrer politischen Zwecke willen das Martyrium auferlegen.

Das alles aber rechtfertigt noch nicht den Vorwurf der Araber, wir seien nur wegen der Verfolgungen in fremden Ländern hier. Nein, wir sind hier wegen Abraham und Mose, wegen Josua und David, wegen der Makkabäer, der Propheten und unserer Geschichte. Wir sind hier, weil dies unser Land ist. Und wir sind hier, weil wir es noch einmal zu dem unseren gemacht haben, diesmal durch Arbeit. Weder der Nazismus noch unser Martyrium in fremden Ländern sind unmittelbar ursächlich für unser Hiersein.

Des weiteren machen die Araber uns ›Völkermord‹ zum Vorwurf, ein Begriff, der heutzutage beliebt ist und gern recht lässig von Leuten verwendet wird, die nicht wissen, was er bedeutet. Die Juden haben eine gute Vorstellung von seiner Bedeutung, dank ihrer fünfundzwanzig Jahre zurückliegenden Erfahrungen. Sie erkennen die Drohung mit Völkermord auch in der Propaganda der Araber, die in ihrer brutalen Hysterie geradezu widerwärtig ist und unablässig davon redet, uns ins Meer zu jagen. Daß man uns des versuchten Völkermordes beschuldigt, ist einfach lachhaft, besonders wenn man bedenkt, wie viel Mühe wir uns mit unserem arabischen Bevölkerungsteil gegeben haben.

Die Politik Israels gegenüber den Arabern ist das genaue Gegenteil von Völkermord oder Verfolgung.

Wir haben es immer mit Bildung, Aufklärung und Demokratisierung versucht. Wir haben uns gesagt, wenn wir den Arabern, die auf uns hören, diese Vorteile vor Augen halten, dann müssen sie doch einsehen, daß ihren Lebensinteressen nicht damit gedient ist, daß sie uns bekämpfen, sondern nur damit, daß sie sich mit uns verbünden und ihre Lebensweise der unseren anpassen.

Ehe ich beschreibe, wie wir uns im täglichen Umgang mit jenen Arabern verhalten, die in unserem Machtbereich leben, möchte ich noch jene Vorwürfe behandeln, die der palästinensische Flüchtling erhoben hat, von dem ich bereits in anderem Zusammenhang sprach. Er behauptet, Israel habe im Unabhängigkeitskrieg Grausamkeiten an Arabern begangen und sich ganz allgemein darum bemüht, sie zu vertreiben. Als damaliger Ministerpräsident erkläre ich in aller Form, daß Israel niemals offiziell einen einzigen Araber ausgewiesen hat, ausgenommen solche, die die Sicherheit des Landes bedrohten. Im Gegenteil, nach dem Waffenstillstand haben wir vierzigtausend Flüchtlinge wieder ins Land gelassen. Wir haben mit Steuermitteln die Familienzusammenführung von Arabern innerhalb Israels finanziert und die während der Feindseligkeiten entstandenen Schäden ersetzt. So also sieht die angebliche Verfolgung der Araber durch uns aus. Unsere Taten sprechen für sich selber, wir brauchen uns nicht zu rechtfertigen. Von den 700 000 Juden, die in den arabischen Ländern drangsaliert, malträtiert, eingesperrt und gehängt werden, sagen die Araber nichts. Zum Glück haben viele den Weg nach Israel gefunden – leider nicht alle, wie die Hinrichtungen in Bagdad bezeugen.

Und nun zu dem Vorwurf, die Juden hätten während des Unabhängigkeitskrieges Grausamkeiten verübt.
Die Araber haben seit 1921 Grausamkeiten an Juden verübt, Massaker, Raub, Verbrechen jeder Art. Ich erwähne das nicht, um etwa von unseren Leuten verübte Gewaltakte zu entschuldigen. Alle Ausschreitungen sind ungerechtfertigt, und sie sind schon gar nicht zu rechtfertigen, wenn Juden sie ausführen, ihrer humanistischen Tradition wegen. Immerhin hat die Haltung der Araber einen Zustand der Spannung geschaffen, der zweifellos bei Individuen auf beiden Seiten hysterische Reaktionen auslöste.
Während des Unabhängigkeitskrieges mußten unsere Truppen arabische Dörfer nach Waffen und Munition durchsuchen, eine für alle Teile unerfreuliche Sache, aber durchaus gerechtfertigt.
Indessen wäre es töricht und unaufrichtig, zu bestreiten, daß einige wenige, sehr wenige Verbrechen während der ersten Kriegsmonate begangen worden sind von jüdischen Irregulären, die glaubten, jüdischer Terrorismus sei die einzige Antwort auf den arabischen Terrorismus, der unsere Siedlungen unablässig plagte, und auf die Bedrohung durch einen weit zahlreicheren Gegner. Diese Irregulären griffen auch Engländer an. Sie sprengten das Hotel »King David« in Jerusalem, das Stabsquartier der Engländer, und man hat sie beschuldigt, in dem arabischen Dorf Dir Jassin, wenige Meilen von Jerusalem, arabische Zivilisten erschossen zu haben. Etwa zweihundert Personen sollen bei diesem von der Irgun ausgeführten Unternehmen getötet worden sein.
Die Akten erweisen, daß die Regierung (und zuvor die Jewish Agency, deren Chef ich war, als Vorläufe-

rin der Regierung) die vorgenannten terroristischen Handlungen ebenso scharf verurteilt hat, wie sie Terrorismus jeglicher Art verurteilte. Ich selber habe mich nach besten Kräften bemüht, die Privatarmeen, die Terroristen und andere Fanatiker auszuschalten und unsere militärischen Operationen unter strengster Disziplin ablaufen zu lassen. Bedenkt man, daß wir uns praktisch im Belagerungszustand befanden, so muß man zugeben, daß dies in unglaublich kurzer Zeit gelungen ist. Berücksichtigt man die ständigen Provokationen der Araber und den verzweifelten Charakter unseres Kampfes, was beides die Gespanntheit der Lage noch verschärfte, so muß man zugeben, daß die von Juden verübten Ausschreitungen über das Minimum nicht hinausgegangen sind.

Unmenschlichkeit ist niemals entschuldbar, doch sind alle Menschen unter bestimmten Umständen anfällig für Hysterie. Ich halte den Arabern vieles vor, doch mache ich nicht die gesamte islamische Bevölkerung dieses Gebietes dafür verantwortlich, daß auf dem Wege zum Skopusberg siebenundsiebzig israelische Ärzte, Krankenschwestern und Studenten gelyncht und lebendig verbrannt wurden. Dies war die Tat eines Mob, aufgereizt durch Terroristen. Dieses Verbrechen entschuldigt nicht das von Dir Jassin oder andere von Juden verübte Verbrechen. Der Krieg fördert im Menschen das Schlimmste ebenso zutage wie das Beste. Ich kann nur wiederholen, daß die israelische Regierung und vor ihr die Jewish Agency sich mit aller Energie gegen solche Auswüchse gewandt haben. Nach der Staatsgründung haben wir sehr schnell dafür gesorgt, daß nichts dergleichen mehr geschehen ist. Zusammenfassend läßt sich sagen, daß es, verglichen mit den Brutalitäten, die die Araber jahrelang den Juden zugefügt haben, sehr wenige Übergriffe von Juden gegeben hat.

Was nun die heutige Araberbevölkerung von Israel betrifft, so ist diese sich sehr klar darüber, daß es ihr wirtschaftlich besser geht als anderen Arabern, einerlei wo, nicht ausgeschlossen die im Libanon. Sind unsere arabischen Bürger uns freundlich gesonnen? Das kann ich nicht sagen, denn was sie wirklich denken, weiß man nicht. Immerhin haben sie ihre Vertreter im Parlament, mancher dient freiwillig in unseren Streitkräften, und sie haben keinen materiellen Grund, uns zu hassen.

Weit entfernt davon, Völkermord an den Arabern zu praktizieren, haben wir alles uns mögliche getan, den Lebensstandard jener Araber zu heben, die seit dem Sechstagekrieg in unserem Machtbereich leben. Von Tag zu Tag wird es zweifelhafter, ob diese Menschen wirklich wünschen, immer weiter Krieg gegen uns zu führen. Wo immer möglich, haben wir ihre lokale Selbstverwaltung nicht angerührt; wir haben uns ihre Klagen angehört und ihnen nach besten Kräften geholfen. Sie haben freien Zugang zu ihren Andachtsstätten und sind in ihrer Religionsausübung nicht im mindesten gestört, nur müssen sie den minimalen Beschränkungen gehorchen, die wir ihnen notgedrungen auferlegen. Für eine besetzte Bevölkerung werden sie ausnehmend gut behandelt. Man muß sich einmal vorstellen, was ein Sieg der Araber für die Juden bedeuten würde, insbesondere, wenn man den Blutrausch kennt, in den die Moslem verfallen, wenn sie ihre Siege feiern.

Ich meine, die Rede- und Pressefreiheit, die den Arabern von den israelischen Behörden eingeräumt wird, ist bemerkenswert und ein echtes Vorbild, von dem alle lernen können. Ebenso bemerkenswert finde ich, daß nicht ein einziger arabischer Terrorist für mutwillige Zerstörungen hingerichtet worden ist, die das Leben von Juden gekostet haben. Auf die Vernunft und den guten Willen, von dem unsere Beziehungen zu diesen Menschen bestimmt sind, können wir wirklich stolz sein.

Der arabische Bürgermeister von Nablus am Westufer des Jordan, das 1967 von uns eingenommen wurde, ist ein erklärter Feind Israels. Er darf seinen Gefühlen Luft machen, wann und wem gegenüber er will, einschließlich der Auslandspresse und der Bevölkerung. Allerdings ist ihm verboten, Bomben in Supermärkte oder Kinos zu werfen. Doch in Wort und Schrift darf er schimpfen, so viel er will. Und das weiß er auch, wie man gleich sehen wird. General Dajan besuchte diesen Bürgermeister dienstlich, er wollte wissen, was der für seine Stadtverwaltung brauchte. Der Bürgermeister legte ihm gleich eine lange Liste vor, unter anderem wollte er eine direkte Telefonverbindung mit Tel Aviv. »Sie verstehen doch wohl, General«, sagte er, »daß wir aus geschäftlichen Gründen eine direkte Leitung zur Küste brauchen. Derzeit gehen alle Gespräche erst über die Zentrale in Jerusalem, das ist sehr zeitraubend.« Dajan sagte, er wolle für die Einrichtung einer direkten Verbindung im Laufe der Woche sorgen (man versuche einmal, in Europa so rasch einen Anschluß zu bekommen!) Danach trank man Tee, und Dajan erkundigte sich höflich: »Wie oft am Tage beten Sie, Herr Bürgermeister?« Der Bürgermeister sagte, er bete, wie der Koran es vorschreibe, mehrmals am Tage. »Und wie oft würden Sie beten, wenn Sie damit Israel vernichten könnten?« fragte Dajan. »Den ganzen Tag lang«, entgegnete der Bürgermeister. Beide Männer lachten und verabschiedeten sich mit Handschlag voneinander. Der Bürgermeister erinnerte Dajan noch einmal an seinen Telefonanschluß. »Da bemüht man sich nun für Leute um eine Telefonleitung, die darum beten, daß man erschlagen wird«, sagte Dajan, und damit sind unsere Beziehungen zu unserem neuen arabischen Bevölkerungsteil gut gekennzeichnet. Wir geben ihnen Telefon, und sie flehen Allah um unsere Vernichtung an.

Und doch, die Feindseligkeit dieser Bevölkerung nimmt ständig ab. Wir haben noch häufig genug mit Terroristen und Saboteuren zu tun, doch die Anstifter sitzen im Ausland. Den hier lebenden Arabern geht es viel zu gut, als daß sie sich aktiv an diesen Aggressionen beteiligen würden, die für sie selber schlimme Folgen haben, weil wir dadurch zu Sicherheitsvorkehrungen gezwungen werden. Im Laufe der Zeit werden die im israelischen Machtbereich lebenden Araber immer weniger Begeisterung für den sogenannten palästinensischen Nationalismus aufbringen und sich immer stärker friedliche Beziehungen zu uns wünschen. Auch dieser Prozeß wird durch das Heranwachsen der jungen Generation gefördert werden.

Die Sabras sind den Arabern ja bereits näher als ihre Vorgänger. Viele Sabras sprechen Arabisch, während meine Altersgenossen das meist überflüssig fanden. Ich selber kann Arabisch lesen – weil ich Türkisch und Hebräisch kann. Ich habe zu Beginn meiner Zeit hier drei Jahre Türkisch gelernt, was eine Zeitverschwendung war, weil die türkische Herrschaft über jenes Land, aus dem wir Israel machen wollten, rasch endete. Doch die Sprache ist zu etwa 60 % arabisch, und insofern war sie doch von Nutzen.

Heute lese ich Arabisch, insbesondere lese ich den Koran. Hier überrascht mich immer wieder die Menge der Wörter, die ans Hebräische anklingen. Sie haben oft unterschiedliche Bedeutung in den beiden Sprachen, doch ihr Ursprung ist der gleiche, und als Wörter sind sie ebenfalls gleich.

Dies ist ein weiterer Umstand, der uns veranlassen sollte, Frieden zu machen, und ein Argument, mit dem sich auf den Vorwurf der Araber entgegnen läßt, wir seien Hergelaufene. Das sind wir eben nicht! Ethnisch gesehen gehören wir hierher. Juden und Araber sind Semiten, und ihre Heimat ist der Nahe Osten. Zwischen unseren Völkern ist weniger Unterschied als zwischen Engländern und Walisern, zwischen Bretonen, die Kelten, und Südfranzosen, die Lateiner sind. Araber und Juden gehören zusammen wie Schweden und Norweger. Norwegen und Schweden leben friedlich nebeneinander, jeder für sich. Weiter wollen wir doch für Israel nichts. Man sollte noch hinzufügen, daß Norwegen und Schweden zum gemeinsamen wirtschaftlichen und politischen Nutzen zusammenarbeiten, und auch das könnte hier zum Vorteil aller Beteiligten geschehen.

Den Russen würde das nicht recht sein, aber wenn es einmal zu einem Gemeinsamen Markt der Nahostländer käme, hätten wir hier eine echte wirtschaftliche Unabhängigkeit. Und Israel hat zu einem solchen Plan beträchtliches beizusteuern. Vielleicht ist es sinnlos, sich auszumalen, was sein könnte, wenn die Dinge anders wären, als sie derzeit sind. Aber wenn wir unseren Nachbarn klarmachen können, welche Reichtümer ihnen winken, wenn sie Frieden mit uns machen, dann überlegt es sich die jüngere Generation vielleicht. Für die Juden allerdings habe ich eine andere Botschaft, sie ist beinahe das Gegenteil, und sie ist viel eindringlicher formuliert.

Israel kann große Dinge vollbringen, aber es braucht Menschen. Es ist hübsch, vom Frieden zu plaudern, doch Tatsache ist, daß wir im Krieg leben. Und obschon wir auf einen glücklichen Ausgang hoffen dürfen, ist doch zu bedenken, daß wir möglicherweise noch einen oder mehrere Kriege wie den von 1967 führen müssen. Daß Israel aus solchen Konflikten siegreich hervorgehen wird, bezweifle ich nicht. Jedenfalls nicht, was die nächste Zukunft angeht. Was in zwanzig Jahren geschehen wird, kann ich nicht vorhersagen. Doch in den nächsten fünf Jahren werden wir Sieger bleiben, es sei denn, die Russen erklären uns den Krieg. Das halte ich für unwahrscheinlich, doch wer will das genau wissen?

Eins muß jedoch begriffen werden: die Araber können hundertmal geschlagen werden, wenn sie beim hundertundeinsten Mal gewinnen, ist das unser Ende. Dies ist eine Wahrheit, die von unseren Leuten – ich meine jetzt von den in der Welt zerstreuten Juden – nicht ausreichend begriffen wird. Besiegen wir die Araber, so ist das für sie nur eine Niederlage, die beim nächsten Mal wettgemacht werden kann. Wenn die Juden dies begriffen, würden sie zu uns kommen, und zwar nicht nur, um bei der Verteidigung Israels zu helfen, sondern auch aus der positiven Erwägung, daß der Schlüssel zur Erlösung des Landes in seiner totalen

Erschließung liegt, insbesondere der südlichen Wüstengebiete. Und die Juden in der Diaspora müssen wissen, daß ihr Überleben angesichts des zunehmenden Zwanges zur Assimilierung ohne einen Staat Israel ernstlich gefährdet ist. Wenn die Juden das begreifen, und auch begreifen, daß die Araber als Feinde bedrohlicher werden, weil sie sich modernisieren und verbessern, dann werden sie kommen; die besten werden gewiß kommen.

Wenn zwei oder drei Millionen Einwanderer sich hier ansiedeln, wenn wir unsere jüdische Bevölkerung auf viereinhalb Millionen bringen können, dann ist mir um Israels Zukunft nicht bange.

Am Segulah

(Mose verkündete den Juden, daß sie auf Erden eine Mission zu erfüllen haben. In seiner Zusammenfassung zeigt Ben Gurion die Bedeutung dieser Mission auf und definiert die moralische Verantwortung, die als Forderung in ihr enthalten ist.)

Wir haben jetzt über die Anfänge des jüdischen Staates gesprochen und über meine persönlichen Erfahrungen mit dem Pionierdasein, wir haben einige unserer staatlichen Einrichtungen erörtert, insbesondere die Verteidigungsstreitkräfte und auch einige der gegenwärtigen Schwierigkeiten und Ausblicke. Wenn ich jetzt zum Schluß komme, möchte ich den Rat befolgen, den Platon in seiner *Politeia* gibt, nämlich das, was man ganz aus der Nähe betrachtet hat, noch einmal von weitem anzuschauen. So wollen wir denn aus einigem Abstand und in allgemeinen Wendungen das beschreiben, was wir als die eigentliche Bedeutung des Staates Israel und als die Mission erkennen können, die das jüdische Volk hier nach so langer Abwesenheit hat.

Zu diesem Zwecke können wir uns an keine bessere

Quelle wenden als an die ersten Abschnitte der Thora. Diese enthalten den Keim dessen, was zu unserer Anwesenheit hier und heute geführt hat, im weltlichen wie im religiösen Sinn. Was ist Israel? Israel ist zwei Dinge: eine Arche und ein Bund, mit anderen Worten, eine Zuflucht und eine Kraft. Ich glaube, daß die Kraft, der Bund, vor dem Konzept der Zuflucht rangiert. Und darin stimmen mir gewiß sehr viele Juden zu.

Einige sehen Israel vor allem als Arche, als einen Ort, an den die Verfolgten sich flüchten oder den zu erreichen sie wenigstens hoffen können. In Rußland setzt der schikanierte Jude seine geheimen Hoffnungen heute auf Israel. In Polen sind Juden, die noch vor Monaten das Leben unter dem dortigen Regime ertragen konnten, plötzlich durch antisemitische Manifestationen aus dem Land getrieben worden. Jüdische Intellektuelle, die jede erdenkliche Ungerechtigkeit toleriert haben, die im Namen Stalins, Chruschtschows oder Breschnews an der Bevölkerung begangen wurde, und die bei jeder Gelegenheit Israel als eine widerwärtige kapitalistische Erfindung abgetan haben, kommen hier seit kurzem als Asylsuchende an. Und wir haben ihnen Asyl gewährt, weil wir wirklich eine Arche sind. Es sind Juden, einerlei wie ihre Vergangenheit aussieht. Und sie haben ein Recht, in Israel zu sein. Hoffen wir, daß sie ihre Lektion gelernt haben.

Eine Arche ist passiv, wir aber sind eine tätige, vorausschauende Nation, die viel vor sich hat. Israel kann nicht bloß eine Zuflucht sein; wenn es als echte Nation überleben will, muß es mehr sein, viel mehr.

Für die meisten Juden bedeutet Israel Zion. Zion hat

für unser Volk, einerlei wo es lebt, eine besondere Bedeutung. Letzten Endes bedeutet es Heimat. Israel ist die jüdische Heimat. Als solche ist es Zufluchtshafen. Außerdem aber ist es ein tätiges Unternehmen, das Aufgaben und Aussichten hat.
Und unsere Mission hier? Was hat das jüdische Volk in Israel zu vollbringen?
Vor etwa 3300 Jahren hat der größte aller Juden gelebt, der den Auftrag definierte, den sein Volk hier hat. Seine Definition ist heute ebenso gültig, wie sie es damals war. Ich spreche selbstverständlich von Mosche. In anderen Sprachen nennt man ihn Mose, doch das klingt in meinen Ohren falsch, und ich benutze seinen richtigen hebräischen Namen. Die Geschichte von Mosche also ist eine ergiebige Quelle der Informationen über die Juden und die Haltungen, die sie sich durch die Jahrtausende bewahrt und die umgekehrt sie bewahrt haben.
Mosche weiß anfangs gar nicht, daß er Jude ist. Dank der herrschenden Verhältnisse wird er assimiliert, er wird ein vornehmer ägyptischer Jüngling, während die Juden als Sklaven geknechtet sind. Eines Tages sieht er, wie ägyptische Soldaten einen wehrlosen Juden töten. Irgendwas – er ahnt nicht, was es ist – veranlaßt ihn, einzugreifen. Mosches Dasein als Erwachsener ist nun gekennzeichnet durch das Gewissen des Aktivisten, das wir bereits als jüdische Eigenschaft erkannt haben.
Das ist eine sehr einfache Geschichte, doch sie zeigt eines: Ein Jude ist ein Jude. Wir lassen uns nicht leicht assimilieren. Nur aus diesem Grunde gibt es uns überhaupt noch. Viertausend Jahre lang hat es immer Juden gegeben wie Mosche, die sich jederzeit als solche

bekannt haben. Nachdem Mosche ins Exil geflohen und Gott ihm im brennenden Busch erschienen ist, kehrt er zurück nach Ägypten, um sein Volk in die Freiheit zu führen. Auf dem Weg ins Gelobte Land hält er es in der Wüste fest. Die Kinder Israels wanderten in jener Wüste umher, die ich hier aus meinem Fenster in Sde Boker sehe.

Dieses Leben, diese Reinigung und Besinnung, die Mosche ihnen im Namen des Herrn auferlegt, ehe er sie in das Land läßt, das sie in Besitz nehmen sollen, dauert vierzig Jahre. Man begreift, wie hier weltliche und religiöse Gesichtspunkte sich decken. Während dieser vierzig Jahre waren die Befestigungen der Kanaaniter zu stark, als daß die Israeliten den Durchbruch in die fruchtbareren Landstriche nahe dem Mittelmeer hätten wagen können. Doch während die Kanaaniter von Dekadenz und Korruption ergriffen werden, gewinnen die Israeliten dank ihres asketischen Wüstenlebens immer größeres Zutrauen zu sich selber und zu ihrem Gott. Am Vorabend der Schlacht beteuern sie vor Josua ihren Glauben an den Allmächtigen, und erst danach führt Josua sie zur Eroberung Kanaans.

Mosche hat den Einzug ins Gelobte Land nicht mehr erlebt. Doch er schenkte den Juden ihr einzigartiges Sittengesetz, dem sie verdanken, daß sie für Zivilisation und Weltgeschichte unvermindert von Bedeutung sind.

Das Sittengesetz sind die Zehn Gebote und Mosches Geheiß, daß der Mensch seinen Nächsten lieben soll wie sich selber. Mosche hinterließ eine Vision von Liebe und Eintracht unter den Menschen, und darin liegt seine bedeutendste Leistung.

Den Juden sagte er noch mehr. Er sagte: »Ihr seid das Volk Gottes.« Und er fügte hinzu: »Das bedeutet, daß ihr ›Am Segulah‹ sein müßt.«
Ich habe versucht, in mehreren Sprachen eine zulängliche Übersetzung des Wortes zu finden. Nachdem ich in einem Dutzend Wörterbüchern nachgeschlagen habe, gab ich die Hoffnung auf, eine echte Entsprechung zu diesem hebräischen Ausdruck zu finden. Nicht einmal im Griechischen gibt es eine genaue Übersetzung. Dort habe ich zuerst nachgesehen, denn Griechisch war die erste fremde Sprache, in welche die Bibel aus dem jüdischen Text übersetzt wurde. Im Lateinischen fand ich ebensowenig ein passendes Wort für ›Am Segulah‹ wie in einer modernen Sprache, Französisch etwa, Deutsch, Russisch oder Englisch. ›Am Segulah‹ heißt nicht ein ›besonderes‹ oder ›überlegenes‹ Volk. Das Wort ›Segulah‹ hat Anklänge an ›einzigartig‹, und eine seiner Bedeutungen könnte auch mit ›höhere Tugenden‹ wiedergegeben werden. Das sind aber nur Teile der wirklichen Bedeutung. Man könnte vielleicht versuchen, Mosches Botschaft so zusammenzufassen: »Die Juden müssen insofern ein einzigartiges Volk sein, als sie die höheren Tugenden verkörpern.« Anders ausgedrückt: Die Besonderheit der Juden ist nicht, daß sie glauben, Gott habe ihnen einen besonderen Status verliehen, habe sie auserwählt, seine bevorzugten Geschöpfe zu werden oder eine überlegene Rasse. Es heißt nicht, daß sie, wie die Moslem, sich auf die Rolle der Auserwählten im Paradies freuen dürfen. ›Am Segulah‹ bedeutet vielmehr eine besondere Last, die Verpflichtung, nach dem Gewissen zu handeln und auf das zu hören, was Elia später ›die leise Stimme‹ genannt hat.

Die Juden nahmen sich Mosches Botschaft zu Herzen, an der nichts zu deuteln war. Auch heute noch gehorchen wir inneren Zwängen, und das stark entwickelte Gewissen ist am Individuum ebenso deutlich wahrzunehmen wie an unserer kollektiven Persönlichkeit. In den meisten Juden findet sich der Drang nach besserer Leistung; der Trieb, aktiv dem Pfad der Tugend zu folgen, was etwas anderes ist, als die christliche Bemühung, der Verdammnis auszuweichen. Die Juden wissen kaum etwas von einer Hölle, die sie erwartet. Ihre Hölle besteht in dem persönlichen Unbefriedigtsein mit sich selber, wenn sie mittelmäßig sind. Aus diesem Grunde, so glaube ich, lassen die Juden sich und anderen keine Ruhe, bis sie im besonderen das allgemeine, elementare Prinzip erkannt haben. Das ist ihr schlimmster Fehler und zugleich ihre größte Begabung. Aber welche Resultate diese Zwangshandlungen auch zeitigen, ihr Ursprung ist zweifellos das angeborene jüdische Bewußtsein von ›Am Segulah‹ und dessen Forderungen an das Gewissen.
Mosche also befahl uns, ›Am Segulah‹ zu sein, und dies war das Ideal, das unserem Volke zu Beginn unserer dauernden Ansiedlung in Israel vorgesetzt wurde. Aus der Bibel wissen wir, daß das Volk diesem Ideal oft nicht gerecht wurde, daß es häufig nicht besser war als seine Nachbarvölker. Und doch fanden sich in jeder Generation Männer, die Fragen stellten, die sich um höhere Tugend bemühten und die ihrem Volk die Botschaft von ›Am Segulah‹ vor Augen stellten. Richter, Propheten und Weise, sie alle verlangten die spirituelle Höherentwicklung Israels. Keiner predigte Krieg, Machtpolitik, rassische Höherwertigkeit. Außenstehende blieben unbeachtet, es ging hier einzig

um das jüdische Gewissen und dessen Bewußtmachung. Die Weisen verlangten von den Juden, nach innen zu blicken, die Sünde zu bekämpfen und sich um Gerechtigkeit zu bemühen. Israel sollte die ganze Welt Moral lehren, und zwar nicht durch Eroberung, sondern durch sein Beispiel. Nur so würden andere Völker aus dem Vorbild Israels lernen und den biblischen Vorschriften gehorchen.

Und das geschah denn auch. Die Weisen hatten recht. Mit geringen Abweichungen haben Islam und Christenheit viele Grundgedanken der Juden übernommen. Heute, so meine ich, müssen wir diesen alten Lehrern wieder folgen. Indem wir ›Am Segulah‹ und alles, was es bedeutet, pflegen, finden wir die Kraft, dieses Land so zu erbauen, wie wir sollen. Mit der Zeit werden die Völker um uns her aus unserem Verhalten lernen und uns die Friedenshand reichen.

Die Botschaft Mosches und der Monotheismus des Judaismus sind zwei der Säulen, auf welchen der jüdische Glaube die Zeiten überdauert hat. Die dritte Säule ist das Ideal von Israel und die Vermischung von jüdischer Philosophie mit der nationalen Geschichte. Die Götzen, die es zu Zeiten des Herrn von Abraham und Mosche gab, sind längst so tot wie die Zivilisationen, deren Erfindung sie waren. Die Juden aber leben, und das verdanken sie diesen drei judaischen Säulen.

Mosches ›Am Segulah‹ setzte den Juden ein Ziel, nach dem sie streben konnten. Sie haben es nie erreicht, und es ist in seiner Gänze vielleicht unerreichbar. In dem Bestreben, das Ziel zu erreichen, sind uns Einrichtungen eingefallen wie der Kibbuz, sehr jüdisch, sehr israelisch, und zugleich sehr anpassungsfähig an alle erdenklichen Bedingungen. Derzeit werden in Japan und anderswo Kibbuzim erprobt. Als wir noch einen russischen Botschafter hatten, habe ich ihn einmal gefragt, ob es auch in der Sowjetunion Kibbuzim gebe. »Nein«, hat er entgegnet, »aber vielleicht werden wir in vierzig oder fünfzig Jahren welche haben.«

Obwohl ich ein sehr weltlicher Mensch bin, hat mich das spirituelle Klima unseres Landes immer sehr interessiert. Zum frühest möglichen Zeitpunkt nach Erlangung der Unabhängigkeit rief ich unsere führenden Intellektuellen zusammen, darunter Denker wie Martin Buber und Philosophen wie Hugo Bergmann und sagte: »Bislang haben wir Krieg geführt, im Widerspruch zu unseren Zielen und Hoffnungen für Israel. Und auch jetzt noch werden wir vom Krieg bedroht und sehen uns überdies einer Fülle materieller Nöte gegenüber. Ich weiß, die Marxisten meinen, daß nur die materiellen Nöte zählen. Doch ich denke an den Talmud, der uns sagt: ›Wo kein Brot ist, da ist keine Thora, und wo keine Thora ist, da ist kein Brot‹.« Und ich bat die Versammelten, spirituelle Ziele für die Entwicklung Israels zu setzen, auf die wir hinarbeiten könnten, während wir gleichzeitig versuchten, den materiellen Forderungen gerecht zu werden. Dieser Konferenz ist es zum Teil zu danken, daß wir sogleich großen Nachdruck auf alles legten, was mit Bildung zusammenhängt, obschon dies an den Haushalt eines rings von Feinden umgebenen Staates große Anforderungen stellte.

Worte ohne Taten sind nichts. Dies lernte ich aus der Bibel und habe es erfahren, seit ich im Lande bin. Es nützt nichts, den Leuten zu sagen: »Benehmt euch anständig, seid hilfsbereit«, man muß ihnen ein Vorbild geben. Ich lebe in Sde Boker, um allen, die mit mir in Berührung kommen, klarzumachen, welche Bedeutung dem Negev für unsere Zukunft zukommt. Man muß Worte benutzen, um Gedanken und Empfindungen mitzuteilen, aber Worte, die nicht Taten bewirken, haben keinen Sinn.

Heute lebe ich hier allein und arbeite mit Wörtern. Ich schreibe, wie schon gesagt, an der Geschichte des neuen jüdischen Staates. Ich möchte, daß die jungen Israelis erkennen, wie kostbar das Erbe ist, das sie aus unseren Händen, den Händen der älteren Generationen übernehmen. Ihnen fallen das Vorrecht und die Verpflichtung zu, unsere Bemühungen noch fruchtbarer werden zu lassen. Auch sie stehen unter dem jüdischen Gebot, ›Am Segulah‹ zu sein. Und ich hoffe, daß mein Buch dazu beiträgt, daß sie diese überkommene Verpflichtung anerkennen.

Man kann nicht nach höherer Tugend streben, ohne Idealist zu sein. Die Juden waren chronische Idealisten, und es macht mich in aller Bescheidenheit glücklich, daß ich diesem Volke angehöre und an seinem edlen Epos teilgehabt habe. Zu einer Zeit, als ihre Nachbarn dem Götzen Moloch lebende Kinder als Brandopfer darbrachten, hatten die Juden bereits ihren unsichtbaren Gott, einen Gott, der Menschenopfer verbot und statt dessen Liebe und Achtung gegenüber allen Wesen und Dingen dieser Erde forderte. Das hielten sie in der Bibel fest, und sie träumten den Traum von Erlösung in ihrem Land. Nur ein kleiner Teil dieses Traumes ist jemals Wirklichkeit geworden, und wir haben darum viel leiden müssen. Doch der Traum lebt, das sittliche Ideal lebt, und wie in den Zeiten Mosches müssen die Juden, solange es noch welche gibt, danach streben, ›Am Segulah‹ zu sein. »Ich hab, der Ewige, rechtens dich berufen, die Hand dir festgefaßt, hab dich gebildet, dich bestimmt als Volkes Glanz, der Völker Licht.« (Jesaja 42:6)

Zeittafel

16. Oktober 1886

David Grün wird in Plonsk geboren, einem Marktflecken im nördlichen Polen, damals unter russischer Herrschaft. Er ist das vierte Kind des Advokaten Avigdor Grün und dessen Ehefrau Scheindal Friedman Grün. Die Familie gehört zur etwa fünftausend Köpfe zählenden jüdischen Gemeinde von Plonsk, welche den Ortskern bewohnt.

1889

Eine der frühesten Erinnerungen David Grüns ist die an seinen Großvater, auf dessen Knien sitzend er im Alter von drei Jahren Hebräisch lernte. Der Knabe hängt sehr an seiner Mutter; sie stirbt, als er zehn Jahre alt ist. Sein Vater ist ein ›Getreuer Zions‹, später eifriger Zionist und Freidenker. Der Knabe David ist von klein auf mit dem Zionismus vertraut und verehrt Theodor Herzl, den Begründer der internationalen Zionistenbewegung, fast wie den Messias, weil er an führender Stelle für die Schaffung eines jüdischen Staates eintritt.

1886–1904

Der Zionismus verbreitet sich in den jüdischen Gemeinden Osteuropas und begeistert insbesondere die Jugend.

Etwa 1900

David Grün und Altersgenossen gründen die Esra-Gesellschaft zur Unterstützung des Zionismus und der Pionierbestrebungen in Palästina. Mitglieder der Esra-Gesellschaft lehren alle Juden in Plonsk Hebräisch. (Man spricht Jiddisch und Russisch; Hebräisch gilt als die ›tote‹ Sprache der Literaten und Gelehrten).

1904–1906

David Grün und seine Freunde erfahren zu ihrer Bestürzung, daß einige Zionisten für die Annahme eines englischen Vorschlages eintreten, den jüdischen Nationalstaat auf Territorium zu gründen, das die Engländer in Uganda bereitstellen wollen. Schlomo Zemach, David Grüns älterer Freund, bricht unter Protest nach Palästina auf.

August 1906

David Grün reist nach Palästina.

1906–1908

Der junge Grün verdient sich als Landarbeiter bei jüdischen Siedlern in Zentralpalästina seinen Unterhalt. Er erkrankt an Malaria. Arbeit ist schwer zu finden, und er hat Mühe, sich in seinem Zustand vor dem Verhungern zu schützen. Ein Arzt sagt ihm, die Malaria würde ihn umbringen, wenn er in Palästina bliebe. Er bleibt trotzdem, und entgegen der ärztlichen Voraussage gewinnt er allmählich seine Kräfte zurück.

1908–1910

David Grün tritt einer Pioniergruppe in Galiläa bei. Sie bereitet Sümpfe und steinige Hochebenen für die spätere Kultivierung durch jüdische Siedler vor. Im

Norden kauft der jüdische Nationalfonds Land. Grün begegnet Itzhak Ben Zwi, dem zweiten Staatspräsidenten des künftigen Israel. Ben Zwi ist einer der wenigen Einwanderer, die Hebräisch sprechen. Er und Grün propagieren bei jeder Gelegenheit die Auffassung, daß mit der Neugründung eines jüdischen Staates die Übernahme des Hebräischen als Nationalsprache einhergehen müsse. Um diese Zeit gründen Pioniere in Galiläa die ersten Kibbuzim. Grün tritt keinem Kibbuz bei, sondern geht in ein Pionierlager nach Sedschera. Jüdische Siedlungen und Lager werden von Arabern überfallen. Grün und seine Kameraden stellen eine Wachtruppe auf, die sie ›Haschomer‹ nennen (die ›Wächter‹). Dies ist der Anfang der jüdisch-arabischen Reibungen in Palästina. Der ›Haschomer‹ ist die Keimzelle der israelischen Armee.

1910

Grün gibt das Pionierdasein auf, um Politiker zu werden. Er und Ben Zwi arbeiten in Jerusalem als Journalisten. Sie gehören der sozialistischen ›Poale Zion-Partei‹ an (›Arbeiter von Zion‹). Grün hebräisiert seinen Namen in Ben Gurion zum Andenken an einen David Ben Gurion, der unter den letzten Verteidigern Jerusalems im Jahre 70 fiel. Von diesem Jahr datiert die jüdische Zerstreuung, die bis zur Gründung des Staates Israel im Jahre 1948, 1878 Jahre dauerte.

1912

Ben Gurion und seine Mitarbeiter erkennen, daß sie nur durch Kooperation mit der türkischen Verwaltung die Autonomie Palästinas und eine Verstärkung der Einwanderung von Juden in dieses Gebiet erreichen können. Das Ottomanische Reich wird von aufeinanderfolgenden Militärputschen erschüttert. Jede neue

Machtgruppierung redet von Freiheit und versucht, sich der Unterstützung der Minderheiten innerhalb des Reichsgebietes zu versichern. Ben Gurion meint, man solle sich mit den Türken einigen; gegen die Zusicherung der Loyalität der Juden ließe sich möglicherweise eine gewisse Autonomie aushandeln. Diese Ideen will er innerhalb des türkischen politischen und sozialen Systems propagieren. Er kleidet sich türkisch, läßt sich einen Schnurrbart stehen und schreibt sich an der Universität von Konstantinopel ein in der Absicht, nach Studienabschluß in die Politik zu gehen.

1914–1915

Der Erste Weltkrieg zerstört alle Pläne. Ben Gurion und Ben Zwi, der ebenfalls in Konstantinopel ist, kehren sofort nach Jerusalem zurück; viele Juden flüchten nach Ägypten. Chaim Weizmann in London, Joseph Trumpeldor und Wladimir Jabotinsky in Ägypten fordern die Juden auf, die Entente zu unterstützen. Für Ben Gurion und Ben Zwi, die des Landes verwiesen werden und in die USA auswandern, bedeutet die Entente u. a. Rußland, und das wieder bedeutet Zarismus und Antisemitismus. Sie folgen diesem Aufruf also nicht, sondern arbeiten in Amerika weiter für verstärkte Einwanderung. Der Haschomer wird in eine jüdische Miliz zum Schutze Palästinas und des im Lande schon vorhandenen jüdischen Besitzes umgewandelt.

März 1915

Joseph Trumpeldor, ehemaliger zaristischer Offizier und Zionist, stellt in Ägypten ein zionistisches Maultiertreiberkorps zusammen, das für England kämpfen soll, weil er hofft, England werde sich zum Fürsprecher der Errichtung einer jüdischen Heimstatt in

Palästina machen. (Die Engländer haben bereits zu erkennen gegeben, daß sie das Verlangen der Juden nach einer solchen Heimstatt billigen, indem sie zu Anfang des Jahrhunderts Uganda dafür anboten.) Freiwillige für das Korps von Trumpeldor begeben sich von Palästina nach Alexandria.

Spätsommer 1915

Türken entdecken ein Waffenlager des Haschomer. Sie verhaften viele Juden und weisen sie aus dem Lande, weil sie sie der Zusammenarbeit mit den Engländern verdächtigen.

Herbst 1915

Ben Gurion und Ben Zwi hoffen nicht mehr auf türkische Unterstützung für den Zionismus und sind bereit, Hilfe von den Engländern anzunehmen. Sie werben für eine jüdische Legion, die Wladimir Jabotinsky, nunmehr in London, für die englische Armee aufstellen will. Ferner gründen sie in den USA die Hechaluz-(Pionier)Bewegung. Diese soll junge Leute sammeln, die als Pioniere nach Palästina zu kommen bereit sind.

2. *November 1917*

Balfour verkündet, die englische Regierung sei bereit, die Errichtung einer Nationalen Heimstatt für die Juden in Palästina zu unterstützen. Diese Botschaft übertrifft noch die schönsten Hoffnungen der Zionisten. Sie ist ein diplomatischer Sieg und ein Sieg der Salonzionisten (im Unterschied zu den eigentlichen Einwanderern nach Palästina). Ben Gurion schreibt damals mit der den Pionier kennzeichnenden Skepsis: »England hat eine schöne Geste getan. Es hat anerkannt, daß wir als Volk vorhanden sind und daß wir ein Recht auf dieses Land haben. Doch aus diesem Anrecht eine greifbare Tatsache machen, das können nur wir. Einzig die Hebräer, mit ihren Leibern und Seelen, mit ihrer Kraft und ihrem Kapital können diese nationale Heimstatt verwirklichen und mit ihr die Erlösung unseres Volkes.«

5. Dezember 1917

David Ben Gurion heiratet Pauline Munweiss in New York. In der Zionistenbewegung heißt sie hinfort Paula.

Anfang 1918

Endlich gelingt Jabotinsky die Aufstellung einer jüdischen Legion innerhalb der englischen Armee. Sie besteht aus regulären Einheiten, die Uniformen sind gekennzeichnet durch den Davidschild. Ben Gurion tritt in eine dieser Einheiten ein, das 39. Königliche Füsilierbataillon in Kanada.

Juni 1918

Jabotinskys Legion kämpft in Palästina.

Herbst 1918

Ben Gurions Bataillon wird nach dem Nahen Osten in Marsch gesetzt, kommt aber erst nach dem Ende der Feindseligkeiten dort an.

Ende 1918

Die Balfour-Deklaration wird in aller Form von den USA und Frankreich gebilligt und, was sehr wichtig ist, auch im Namen aller arabischen Völker, vermittels eines von T. E. Lawrence aufgesetzten Freundschaftsvertrages, der von Weizmann und Prinz Feisal unterzeichnet wird, dem späteren König Feisal I. von Irak.

1919–1920

Ben Gurion wird das erste Kind geboren, eine Tochter, die den hebräischen Namen Geula bekommt, was ›Erlösung‹ bedeutet. Wieder in Palästina, beginnt Ben Gurion sogleich mit der politischen Arbeit; er führt eine Kampagne zur Einigung der Arbeiter. Die jüdischen Siedlungen im Lande sind in einem traurigen Zustand, viel von dem, was in fünfzig Jahren geschaffen wurde, ist zerstört. Immerhin, die Einwanderung nimmt zu, und Ben Gurion bemüht sich darum, die palästinensischen Juden, insbesondere die Arbeiter und die Pioniere, zu organisieren. Höhepunkt dieser Bemühungen ist die Gründung der Histadruth oder Arbeitergewerkschaft. Sie will alle Pioniere, Farmer und Arbeiter, die für einen jüdischen Staat kämpfen wollen, unter der Parole vereinigen: ›Die Klasse, die wir vertreten, muß zur Nation werden.‹ Die Histadruth ist die einzige gewichtige politische Organisation in Palästina.

1920

Ben Gurion wird Generalsekretär der Histadruth, die 4443 Mitglieder zählt. In Palästina leben derzeit etwa 10 000 Juden und 800 000 Araber. Mehrere Millionen Juden gehören unterschiedlichen, in einer Weltföderation zusammengefaßten zionistischen Organisationen an.

1920–1922

Dies sind Jahre wachsender Spannung. Schon 1920 kommt es zu offenen Feindseligkeiten zwischen Arabern und Juden. Joseph Trumpeldor, der berühmteste Soldat des Zionismus, wird von Arabern in Galiläa erschossen. Aufgehetzt von Hadschj Amin el-Husseini, verüben Araber Mordanschläge auf Juden. Letztere erwidern mit der Aufstellung einer geheimen Abwehrtruppe (die Engländer erlauben keine offizielle jüdische Schutztruppe) und nennen sie ›Haganah‹ (Verteidigung). Dazu gehören alle Haschomereinheiten, und es besteht Verbindung zur Histadruth.

1922

Der Völkerbund billigt in San Remo die englische Mandatsherrschaft über Palästina und die Errichtung einer jüdischen nationalen Heimstatt, wie sie die Balfour-Deklaration vorsieht. Um die Araber zu beschwichtigen, bringt die englische Regierung jedoch ein Weißbuch heraus, das von Winston Churchill verfaßt ist. Alles Gebiet östlich des Jordan wird vom Mandatsgebiet abgetrennt und als Staat mit der Bezeichnung Transjordanien etabliert. Hauptstadt ist Amman.

1922–1925

Ben Gurion propagiert den Sozialismus in den jüdischen Gemeinwesen Palästinas und die ausschließliche Verwendung jüdischer Arbeitskräfte. Die Einwanderung aus den vom Kriege zerrissenen und aufgestörten Ländern Europas nimmt rasch zu. Nachdem die USA ihr Quotensystem einführen, das Osteuropäer von der Einwanderung in die USA praktisch ausschließt, kommen die Einwanderer in Massen.

Nun ist die Hauptsorge nicht mehr, möglichst viele Einwanderer ins Land zu ziehen, sondern jene, die kommen, mit Arbeit und Unterkunft zu versorgen. Arbeitslosigkeit breitet sich aus, und viele Einwanderer, die keinen Boden unter den Füßen finden, wandern wieder zurück. Ben Gurion bereist Europa, um die Mittel der Zionistenbewegung zugunsten der Neueinwanderer nach Palästina zu mobilisieren.

Der Familie Ben Gurion wird der Sohn Amos geboren.

1925

Ben Gurions Vater, Avigdor Grün, kommt aus Plonsk. Das dritte und letzte Kind Ben Gurions, die Tochter Rananah, wird geboren. Nun befindet sich die gesamte Familie Grün in Palästina, ausgenommen eine Nichte, die in Plonsk geblieben ist. Sie und ihre beiden Kinder werden in Auschwitz vergast.

1925–1927

Ben Gurion vertritt die palästinensischen Arbeiter in der Zionistenbewegung und fordert von dieser finanzielle Hilfe für die Einwanderer, die Schaffung von Arbeitsplätzen und Arbeitsmöglichkeiten für Pioniere. Er selber lebt ärmlich in Jerusalem, kaum imstande, seine Familie zu unterhalten. Sein Verhältnis zu den zionistischen Delegierten und zur englischen Mandatsverwaltung wird zunehmend schwieriger. Er wirft den Zionisten vor, sie seien Schreibtischpioniere und hätten keine Ahnung vom Leben der Einwanderer, die die eigentliche Arbeit täten. Mit den Engländern, die bei den Feindseligkeiten die Araber begünstigen, hat er immer weniger Geduld. Und er gerät mit anderen Gruppen palästinensischer Juden aneinander, hauptsächlich mit den ›Revisionisten‹ unter Jabotinsky, die die Macht und den Einklassenstandpunkt der Histadruth fürchten. Die ›Revisionisten‹ nennen die Histadruth einen ›Staat im Staate‹.

1927–1930

Hauptsächlich auf Ben Gurions Betreiben schließen sich mehrere politische Gruppierungen in der Histadruth zur MAPAI zusammen, der Arbeiterpartei. Die Verhältnisse in Palästina verschlechtern sich zusehends. Die Arbeitslosigkeit wächst, die Reibungen zwischen Juden und Arabern nehmen zu, angeheizt von Hadschj Amin el-Husseini, den der englische Hochkommissar Sir Herbert Samuel zum Mufti von Jerusalem gemacht hat. Als Mufti ist Husseini der Verwaltungschef der islamischen Religionsgemeinschaft in Palästina. Dieser Fanatiker vereinigt seine gewalttätige Anhängerschaft unter der Parole ›Tod den Juden‹ hinter sich. Lord Samuel ist selber Jude und hat den Mufti ernannt, um damit seine Unparteilichkeit zu beweisen. Er hoffte, diesen Unruhestifter dadurch zu beschwichtigen, daß er ihm die höchste verfügbare Position in Palästina überließ. Als Mufti wird Husseini aber noch gefährlicher. Er möchte jetzt ein Kaliphat errichten und alle Nichtaraber aus dem Lande jagen. Er zettelt in Jerusalem ein Massaker unter den Juden an, indem er das Gerücht verbreiten läßt, diese wollten den zerstörten Tempel an der Stelle neu errichten, wo die Omar Moschee steht, die ihrerseits teilweise auf dem alten Tempelgrund erbaut ist. Husseini trifft ferner unmittelbar die Verantwortung dafür, daß die ständig angeheizte Feindschaft der Araber gegen die Juden am 23. August 1929 zu einer arabischen Invasion der jüdischen Viertel von Jerusalem und einem allgemeinen Angriff auf die jüdische Bevölkerung führt. Dem entsprechen Überfälle in Hebron, Jaffa, Safed. Mindestens 140 Juden werden ermordet, Tausende verletzt. Die Engländer greifen zu spät und nicht wirkungsvoll genug ein.

1930–1936

In Europa kommt der Faschismus auf. Die Feindschaft der Araber gegen die Juden wird vom Mufti in Gang gehalten, der rasch Beziehungen zum Naziregime in Deutschland knüpft. 1936 morden die Araber neuerlich. Die Führer der jüdischen Gemeinden können die jungen Leute der Haganah kaum daran hindern, zurückzuschlagen und damit einen Bürgerkrieg auszulösen. Arabische Hafenarbeiter rufen in Jaffa den Generalstreik aus; der Mufti verlangt, die Engländer sollen keine Juden mehr einwandern lassen und sie an Landkäufen hindern. Er fordert Autonomie für die Araber und eine rein arabische Regierung. Mosche Scharett, Israels zweiter Ministerpräsident, schreibt in einem Leserbrief im Auftrag der MAPAI an die *Times*: »Falls England die Forderungen der Araber erfüllt, so bedeutet dies das Ende unserer Hoffnungen, daß wir hier als Volk Wurzeln schlagen können.« Die Exekutive der Zionisten glaubt das aber nicht, und Dr. Weizmann schlägt gar vor, man möge als Beschwichtigungsmaßnahme die weitere Einwanderung von Juden vorübergehend unterbinden. Ben Gurion kann in London verhindern, daß dieser Vorschlag den Engländern unterbreitet wird.

1936

Wegen der fortdauernden Schwierigkeiten mit den arabischen Hafenarbeitern in Jaffa beschließen die jüdischen Pioniere, einen eigenen Hafen anzulegen. Sie wählen einen Ort, der den internationalen Schiffahrtsrouten so nahe als möglich liegt – Tel Aviv. In Rekordzeit errichten sie die Hafenanlagen.

Juli 1937

In der zweiten Hälfte des Jahres 1936 hatten die Engländer eine Kommission unter Lord Peel zur Untersuchung der Palästinafrage eingesetzt. Im Juli 1937 veröffentlicht die Kommission das Resultat ihrer Arbeit und empfiehlt, das Land in drei Teile zu teilen, einen englischen, einen arabischen und einen jüdischen. Dieser Plan sieht ein völlig unabhängiges, autonomes jüdisches Gebiet in Galiläa und dem Tal von Jesreel vor, insgesamt etwa ein Fünftel des westlichen Palästina. Fast der gesamte Rest des Landes soll an die Araber fallen und dem Staat Transjordanien zugeschlagen werden, der sein Entstehen Churchills Weiß-

buch von 1922 verdankt. Die Engländer wollen sich Jerusalem, Nazareth und einen Korridor zum Mittelmeer einschließlich Haifa vorbehalten.
MAPAI, Histadruth und die Zionistenbewegung wollen diesen Vorschlag annehmen, weil sie meinen, daß dieses jüdische Territorium zwar winzig, aber dennoch geeignet ist, die Grundlage für die Errichtung eines jüdischen Nationalstaates in Palästina abzugeben. Die ›Revisionisten‹ unter Jabotinsky hingegen weisen darauf hin, daß Peel den Juden sehr viel weniger geben will, als Balfour versprochen hatte.

1939

Die Empfehlungen der Peel-Kommission und die Frage des jüdischen Staates werden nunmehr von einem neuen Weißbuch überholt, das Malcolm MacDonald unter dem Außenminister Lord Halifax im Kabinett Chamberlain verfaßt hat. Entgegen allen vorangegangenen Empfehlungen und Erklärungen setzt dieses Weißbuch eine jährliche Einwanderungsquote nach Palästina fest und bestimmt, wann das Land unter arabischer Herrschaft unabhängig werden soll. Im Laufe der kommenden fünf Jahre sollen noch 75 000 Juden nach Palästina einwandern dürfen, danach keine mehr. In zehn Jahren wollen die Engländer abziehen; dann sollen die Araber das Land beherrschen und die Juden eine kleine Minderheit sein. Unterdessen beginnen die Mühlen der ›Endlösung‹ zu mahlen. Ben Gurion tut seinen berühmt gewordenen Ausspruch: »Wir werden Krieg führen, als ob es kein Weißbuch gäbe, und wir werden das Weißbuch bekämpfen, als gäbe es keinen Krieg.«

1940

Churchill tritt an die Stelle Chamberlains. Weizmann

und Ben Gurion rufen zur Bildung einer jüdischen Legion auf. Ben Gurion ist seit 1933 Vorsitzender der Exekutive der Jewish Agency.

Mai 1942

Eine außerordentliche Konferenz, auf Veranlassung Ben Gurions vom American Committee for Zionist Affairs einberufen, drängt auf Ignorierung der englischen Einwanderungsquote, fordert einen jüdischen Staat und verpflichtet sich, den Widerstand gegen die Aussperrung von Einwanderern und gegen die Hintertreibung der Errichtung einer jüdischen nationalen Heimstatt in Palästina zu finanzieren (Biltmore-Konferenz).

1944

Endlich wird eine Jüdische Brigade gebildet, die der englischen Armee unterstellt ist. Sie beteiligt sich an der Invasion Siziliens und Italiens, und am Vormarsch von Holland bis Berlin.

1945

Ben Gurion bereist die Konzentrationslager und erklärt: »Während dieser sechs Kriegsjahre haben wir euch nicht einen einzigen Tag vergessen. Wir haben unterdessen unser Land aufgebaut, damit ihr hinfort dort unter euren eigenen Leuten leben könnt wie Menschen, und euch nicht mehr fürchten müßt.«

1945–1947

Die englische Labour-Regierung jedoch achtet scharf auf die Einhaltung der Einwanderungsquote. Außenminister Ernest Bevin will überhaupt keine Juden mehr nach Palästina lassen, obgleich etwa eine Million heimatlose Juden in den D.-P.-Lagern Europas hausen. Die Zionisten halten nun ihr Versprechen, gegen das Weißbuch und seine Folgen zu kämpfen. Sie organisieren die illegale Einwanderung, und es kommt zu Zusammenstößen mit den Engländern; Zwischenfälle wie die mit dem Auswandererschiff ›Exodus‹ erregen weltweites Aufsehen. Dieses kaum seetüchtige Schiff, überladen mit jüdischen Einwanderern aus den europäischen Lagern, die lieber verhungern, als sich von den Engländern nach Deutschland, Österreich oder Polen deportieren zu lassen, irrt im Mittelmeer umher.

1947

In Palästina entstanden illegale Privatarmeen, jede hat ihre eigene politische Linie. Sie bekämpfen ebensooft einander wie den gemeinsamen Feind. Sie wollen gegen die Araber vorgehen (als Vergeltung für Übergriffe) und gegen die Engländer, die wegen ihrer Einwanderungspolitik und ihrer proarabischen Einstellung verhaßt sind. Die bekanntesten dieser Gruppen sind ›Ezel‹ und ›Lechi‹. Die Haganah, die spätere israelische Armee, sammelt insgeheim Waffen, bildet Truppen aus, hält sich aber meist von Kampfhandlungen fern. Sie bildet besondere Stoßtrupps aus, Palmach genannt. Auch die Palmach-Gruppen enthalten sich aller Kampfhandlungen, außer der örtlichen Verteidigung gegen die Araber.

England entdeckt ganz plötzlich, daß es zu teuer und zu mühsam ist, Frieden zwischen Arabern und Juden zu halten und möchte auch den schlechten Ruf loswerden, in den es seiner Einwanderungspolitik wegen geraten ist. Die UN bilden eine Kommission zur Untersuchung der Palästinafrage. Diese Kommission veröffentlicht ein Mehrheits- und ein Minderheitsvotum. Die UN akzeptieren die Empfehlung der Mehrheit, die sich ungefähr an die Empfehlungen der Peel-Kommission hält. Die UN beschließen:

1. England hat Palästina zu räumen. Das Mandat endet spätestens am 1. August 1948.
2. Die Juden bekommen einen unabhängigen Staat, bestehend aus einem Küstenstreifen im Norden, Galiläa und dem Tal Jesreel, einem Uferstreifen am Toten Meer, einem nirgendwo an jüdisches Territorium anschließenden Stück vom Negev.
3. Der größere Landesteil soll den palästinensischen Arabern als unabhängiger arabischer Staat gehören.
4. Jerusalem soll eine Freie Stadt werden unter einer autonomen Verwaltung, die aus Juden und Arabern besteht und Freiheit der Religionsausübung und freien Zugang zu allen Andachtsstätten garantiert. Juden und Araber sollen eine eigene Verfassung haben und anteilmäßig in der Stadtverwaltung vertreten sein.

Die Juden nehmen den Vorschlag der UN an, die Araber lehnen ab. Sie erklären, für die Herrschaft über ganz Palästina einschließlich Jerusalems kämpfen zu wollen. Die palästinensischen Araber schließen ein Bündnis mit Ägypten, Syrien, dem Libanon und Transjordanien, das die Vernichtung des vorgeschlagenen jüdischen Staates und die Herrschaft über Jerusalem anstrebt.

1948

Vor Beendigung des englischen Mandats besetzen Araber die einzige Straße von Jerusalem zum Meer. Sie wollen die jüdische Bevölkerung der Hauptstadt aushungern, die überwiegend im westlichen Teil der Stadt wohnt; nur eine kleine jüdische Enklave befindet sich in der Altstadt, dem ältesten Viertel der Stadt, wo die letzte Mauer des Tempels steht. Die Araber schneiden die Wasserzufuhr für Westjerusalem ab. Jetzt heißt es, rasch handeln oder kapitulieren.

Der Palmach sammelt alle verfügbaren Fahrzeuge und kämpft auf Befehl Ben Gurions (der Chef des Schattenkabinetts ist, das die Unabhängigkeit vorbereitet) die schmale kurvenreiche Straße frei. Es ist eines der heldenhaftesten Unternehmen in der viertausendjährigen Geschichte der Juden. Gegen einen zahlenmäßig überlegenen, besser ausgerüsteten Gegner, der noch dazu den Vorteil des höheren Geländes hat, erzwingen die Palmach-Streitkräfte den Zugang nach Jerusalem, bringen der Stadt Lebensmittel, stellen die Wasserversorgung wieder her und retten damit die Bevölkerung. Die entlang der Straße rostenden ausgebrannten Autowracks sind das Denkmal, das an die Entsetzung Jerusalems erinnert.

14. Mai 1948

Die Engländer verlassen Palästina vorzeitig. Ben Gurion verliest die Unabhängigkeitserklärung des Staates Israel. Dr. Weizmann wird erster Staatspräsident, Ben Gurion erster Ministerpräsident.

15. Mai 1948

Im Morgengrauen bombardieren ägyptische Flugzeuge Tel Aviv. Die Arabische Legion unter Sir John Bagot Glubb (der als Glubb Pascha bis zu seiner Entlassung durch König Hussein von Jordanien im Jahre 1956 die Legion kommandiert) marschiert von Transjordanien auf Jerusalem, nachdem Geheimverhandlungen zwischen Ben Gurion und König Abdallah ergebnislos geblieben sind. Die Armeen Ägyptens, Syriens, des Libanon und Irak fallen in israelisches Territorium ein.

Mai–Juni 1948

Die USA und danach die UdSSR erkennen den Staat Israel an. Jerusalem ist mittlerweile ein Schlachtfeld.

In der Altstadt wird schwer gekämpft. Die Juden halten sich einige Zeit, sind aber hoffnungslos in der Minderheit und auch nicht gut genug ausgerüstet. Sie müssen sich in den Westen der Stadt zurückziehen. Die Altstadt muß der Arabischen Legion überlassen werden. Die Araber zerstören Synagogen und jüdische Monumente.

Anmerkung: Während des Krieges von 1948 haben die Araber moderne englische und amerikanische Waffen zur Verfügung. Die Juden sind auf das angewiesen, was sie den Mandatstruppen haben stehlen können, was ihnen die Tschechoslowakei liefert und was sie selber herstellen. Hierin zeigen sie sich sehr erfinderisch.

Juni 1948

Die Regierung Ben Gurion meint, es sei an der Zeit, sämtliche jüdischen Kampftruppen zu einer offiziellen Israelischen Armee zusammenzufassen. Das Vorhandensein von Privatarmeen hindert die strategische Koordination, fördert Disziplinlosigkeit und Verzettelung der militärischen Kräfte. Die Regierung glaubt, diese Umstände seien für den Verlust der Altstadt verantwortlich. Ben Gurion dekretiert daher offiziell die Armee und verlangt, daß alle Kampftruppen der Armeeführung den Treueid leisten. Ezel und andere Gruppen, die unabhängig bleiben wollen, weigern sich. Die öffentliche Meinung in Israel ist geteilt.

Die UN vermitteln eine vierwöchige Waffenruhe. Beide Seiten versprechen, während dieser Wochen nicht zu rüsten. Graf Folke Bernadotte versucht, in Jerusalem ein arabisch-jüdisches Abkommen auszuhandeln. Trotz der Waffenruhe häufen die Araber in Ägypten, Syrien und dem Irak Waffen und Nachschub an. In

Israel übertritt Ezel das von der Regierung Ben Gurion verhängte strikte Rüstungsverbot und versucht, eine große Waffensendung aus der Tschechoslowakei zu entladen. Die Waffen waren bereits vor Eintritt der Waffenruhe bestellt, bezahlt und auf dem Frachter ›Altalena‹ unterwegs nach Israel. Ezel beginnt mit dem Ausladen. Ben Gurion befiehlt den Küstenbatterien der israelischen Armee zu feuern. Der Frachter sinkt. Menahem Begin, Führer des Ezel und gerade an Bord, kommt knapp mit dem Leben davon. Dieser Zwischenfall führt beinahe zum Bürgerkrieg unter den Juden und erzeugt große Bitterkeit zwischen den politischen Gruppen im Lande. Immerhin hat die Regierung sich durchgesetzt, und die Armee wird unter Ben Gurions Kommando koordiniert.

September 1948

Graf Bernadotte wird in Jerusalem von jüdischen Extremisten ermordet. Die Kämpfe beginnen von neuem. Die koordinierte israelische Armee vertreibt die Araber von israelischem Territorium und aus einem großen Teil Palästinas, wodurch der bisher getrennte Negev an Israel angeschlossen und Israel um etwa ein Drittel größer wird.

1949

Die arabischen Staaten unterzeichnen einen Waffenstillstand mit Israel, in dem sie diesem alles Territorium überlassen, das es erobert hat, von der libanesischen Grenze im Norden bis zur Spitze des Negev im Süden. Jerusalem bleibt geteilt, sein östlicher Teil wird vom neu errichteten Haschemitenreich Jordanien besetzt. Die durch die Tatsachen festgelegten Grenzen bleiben 19 Jahre in Kraft, bis der Sechstagekrieg im Juni 1967 den israelischen Machtbereich erweitert.

11. Mai 1949
Israel wird Mitglied der Vereinten Nationen.

1949–1950
Nun beginnt eine lange, relativ friedliche Zeit, wenn man von fast täglichen Grenzübergriffen und Terroranschlägen der Araber absieht. Von überallher wandern Juden ein – aus Indien und den USA, aus Holland und Marokko, womit Jesajas Prophezeiung erfüllt ist: »Vom Osten bring ich deinen Samen, und aus dem Westen hol ich dich zusammen«.

Besonders dramatisch ist die Ankunft von 45 000 jemenitischen Juden, weil ihnen die Rückkehr ›auf dem Rücken von Adlern‹ geweissagt war, und nun kommen sie tatsächlich mit den Maschinen der jungen israelischen Luftverkehrsgesellschaft El Al nach Israel.

Die Einwanderung, befördert durch das Gesetz über die Heimkehr, das besagt, jeder Jude hat Anspruch auf Aufnahme in Israel und die israelische Staatsbürgerschaft, stellt das Problem der Integrierung von Menschen aus unterschiedlichsten Kulturen, Klassen und Ländern, darunter aus unterentwickelten Gebieten in Nordafrika und dem Orient. Die Armee wird nun die wichtigste Ausbildungsstation; sie lehrt die junge Generation Hebräisch in Sprache und Schrift, ferner technische Fertigkeiten.

Der Staat schafft Ordnung im eigenen Haus. Trotz hoher Rüstungsausgaben stellt er Geld für kostenlose Ausbildung, Wohnbauten für Einwanderer und eine moderne Verwaltung bereit.

In den nächsten zehn Jahren entstehen in Israel mehr Schulen und Universitäten, Krankenhäuser, Museen und Kunstgalerien, mehr Zeitungen, Zeitschriften und Sinfonieorchester pro Kopf der Bevölkerung als in irgendeinem anderen Land der Welt. Das Geld für diese Einrichtungen stammt hauptsächlich aus Spenden der Juden in der Diaspora, meist in den USA.

1951

Ägypten besetzt die Meerenge von Tiran, die den Golf von Eilath beherrscht. Es blockiert den Hafen Eilath und gefährdet damit die weitere Entwicklung dieses Hafens und die Erschließung des Negev. Fünf Jahre lang wird Israel nun fortgesetzt unter Schiffsblockade und Sabotagemaßnahmen leiden, die sich gegen Straßen, Eisenbahnen und Bewässerungssysteme richten und von bewaffneten ägyptischen Kommandos ausgeführt werden, die von Basen auf der Halbinsel Sinai und im Gazastreifen operieren. Hunderte von Israelis fallen bei Gefechten mit diesen Saboteuren und Tausende werden verwundet.

Januar bis September 1952

Auf Ben Gurions Veranlassung akzeptiert Israel achthundert Millionen Dollar Reparationszahlungen von seiten der Bundesrepublik Deutschland. Die Regierung Ben Gurion wird scharf angegriffen dafür, daß sie Geld von den Mördern der Juden nimmt. Ben Gurion hält dem entgegen, daß es sich hier nicht um Blutgeld handelt, sondern um die Entschädigung für das den Juden in Europa gestohlene Eigentum.

9. November 1952

Der erste Staatspräsident von Israel, Dr. Chaim Weizmann, stirbt. Ben Gurion trägt Albert Einstein die Präsidentschaft an. Einstein lehnt ab. Itzhak Ben Zwi, Ben Gurions ältester noch lebender Freund und Mitarbeiter, wird Präsident.

13. Dezember 1953

Ben Gurion verläßt vorübergehend sein Amt, um als

Pionier im Kibbuz Sde Boker im Negev zu leben. Dann tritt er als Ministerpräsident zurück und wird Schafhirt. Zweiter Ministerpräsident von Israel wird Mosche Scharett. Pinhas Lavon wird Ben Gurions Nachfolger als Verteidigungsminister.

1954
Oberst Abdel Nasser ergreift mit 36 Jahren in Ägypten die Macht. Von Nasser hat Ben Gurion gesagt: »Wären wir uns je begegnet, wir hätten uns zweifellos auf intellektueller Ebene verständigen können.« Israel versucht mehrmals, ein solches Treffen zustande zu bringen, und Ben Gurion erklärt öffentlich: »Ich bin bereit, mit dem ägyptischen Ministerpräsidenten oder jedem anderen Führer der Araber jederzeit und an jedem Ort zusammenzutreffen, um ohne Vorbedingungen über den Frieden zu verhandeln.« Während der Suezkrise erklärte er sich sogar bereit, in Kairo zu verhandeln, wenn ihm freies Geleit zugesagt würde. Man versucht, Tito als Vermittler zu gewinnen, doch lehnt er ab. Nasser sagt: »Ich würde gerne mit Ben Gurion zusammenkommen, doch könnte ich mich dann nicht mehr in Kairo sehen lassen. Eine Stunde nach meiner Rückkehr wäre ich ein toter Mann. Es ist zu riskant.« Daher werden die beiden Führerpersönlichkeiten, die am ehesten den Frieden im Nahen Osten bewerkstelligen könnten, nie zusammenkommen.

Juli 1954
Die Engländer geben ihre Absicht bekannt, die Kanalzone zu räumen. Für Israel bedeutet das eine direkte Bedrohung sämtlicher Schiffe, die für israelische Häfen bestimmt sind.

21. Februar 1955
Ben Gurion kommt aus dem Ruhestand zurück, um

das Amt seines zeitweiligen, in eine böse Affäre verwickelten Nachfolgers Lavon wieder zu übernehmen. Die Affäre hat ihn schwer erschüttert; seiner Ansicht nach kann nur ein öffentliches Verfahren vor einem ordentlichen Gericht den Fall klarstellen und das volle Vertrauen in die Regierung wiederherstellen. Seine Kabinettskollegen stimmen ihm darin nicht zu, ihnen reicht das Ergebnis der geheimen Untersuchung und Lavons Rücktritt vom Amt. Diese Angelegenheit bleibt noch jahrelang auf der Tagesordnung.

1955

Ben Gurion macht sich auf die Suche nach Bündnisgenossen für Israel. Er versucht, von den Amerikanern im Austausch gegen strategische Stützpunkte eine Garantie für die Sicherheit Israels einzuhandeln. Um diese Zeit betreiben die USA eine gegen Rußland gerichtete Einkreisungspolitik, und die Verhandlungen scheinen aussichtsreich. Am Ende jedoch weigern die Amerikaner sich, Israels Grenzen förmlich zu garantieren. Unterdessen sind die Engländer aus Suez abgezogen, und schon ändern die Russen ihre Nahostpolitik. Aus begeisterten Freunden Israels werden plötzlich die Schutzherrn des arabischen Nationalismus. Die Sowjetunion rüstet auf und beschimpft die Israelis als Imperialisten und Kolonialisten.

26. Juli 1956

Ägypten verstaatlicht den Suezkanal; das englisch-französische Konsortium, das den Kanal betreibt, wird ausgeschaltet. Dieses Vorgehen bringt Israelis, Engländer und Franzosen einander näher; es bewirkt insbesondere eine Annäherung zwischen Israel und Frankreich, welch letzteres in den kommenden Jahren der Hauptlieferant von Rüstungsmaterial an Israel wird.

Als Gegendienst erproben und verbessern die Israelis französische Ausrüstung. Ohne Übertreibung darf man sagen, daß der Erfolg des Jagdflugzeuges ›Mystère‹ den Verbesserungen zu danken ist, die die israelische Luftwaffe im Einsatz erprobt hat. Während der Jahre 1955 und 1956 kommt es immer wieder zu Grenzzwischenfällen zwischen Ägypten und Israel, weil ägyptische Kommandotruppen auf israelischem Territorium operieren und palästinensische Araber ausbilden, die sich nunmehr in einer Palästinensischen Befreiungsfront sammeln.

1956

Israel drängt immer stärker nach Kontrolle über die Zufahrt nach Eilath durch den Golf von Akaba, und nach Sicherung der Rohrleitung, durch die Öl vom Negev nach dem Mittelmeer fließt.

29. Oktober 1956

Israel marschiert nach Gaza und auf die Halbinsel Sinai, um den Überfällen der aus Ägypten kommenden Terrorbanden ein Ende zu setzen.

5. November 1956

Israel hat Gaza und die Meerenge von Tiran besetzt. Den Engländern, die in Nordägypten gelandet sind, kommen Bedenken hinsichtlich der Besetzung der Kanalzone. Einige wenige englische und französische Fallschirmspringer werden in Ägypten abgesetzt. Nunmehr droht die UdSSR – bislang mit der Niederwerfung des ungarischen Aufstandes beschäftigt – Israel mit einer Invasion. Die USA verurteilen gemeinsam mit der UdSSR die Intervention Israels, Englands und Frankreichs. Engländer und Franzosen setzen sich ab. Israel versucht, wenigstens eine Garantie für die freie Schiffahrt nach Eilath und die Neutralisierung von Gaza auszuhandeln, das die am dichtesten besiedelten Teile Israels bedroht. UN-Truppen besetzen Gaza.

März 1957

Außenminister Frau Golda Meir gibt bekannt, daß Israel sich von der Halbinsel Sinai zurückzieht, nachdem die UN und alle Großmächte den Golf von Eilath als internationales Gewässer bezeichnet und die Freie Schiffahrt dort garantiert haben. Die UN übernehmen die strategisch wichtigen Stellungen an der Meerenge von Tiran.

1957–1960

Ben Gurion, seit der Suezkrise wiederum Israels Ministerpräsident, versucht Israels Stellung durch den Abschluß von Bündnissen zu stärken. Die Annäherung an Frankreich setzt sich fort. Ein Versuch, die israelischen Grenzen durch die NATO garantieren zu lassen, bleibt erfolglos.

März 1960

Ben Gurion besucht die wichtigsten Staaten des Westens. Der Ostblock steht Israel feindlich gegenüber, seit die UdSSR die Araber unterstützt, um Einfluß im Nahen Osten zu gewinnen. Ben Gurion trifft Präsident Eisenhower in den USA und gleichzeitig Konrad Adenauer, der auch dort ist. Er erhält von den Deutschen eine Anleihe von 500 Millionen Dollar zwecks Erschließung des Negev. Ben Gurion trifft Harold Macmillan in London und wird besonders freundlich von Charles de Gaulle empfangen, der ihm die einzigartige Auszeichnung einer zweiten Einladung zuteil werden läßt. Bei dieser Gelegenheit sagt de Gaulle über Ben Gurion: »Er und Adenauer sind meiner Ansicht nach die beiden großen Führer des Westens.« Frankreich ist nunmehr Israels engster Verbündeter. Deutschland, zu dem Israel trotz starker Opposition im Inland ebenfalls enge Beziehungen unterhält, hat der an den Juden begangenen Verbrechen wegen die Pflicht, Israel in jeder Weise behilflich zu sein; nur so kann es allmählich das Unrecht austilgen, das in seinem Namen begangen wurde – das ist Ben Gurions Meinung.

23. Mai 1960

Adolf Eichmann, Verwaltungsdirektor der ›Endlösung‹, wird vom israelischen Geheimdienst in Argentinien entführt, vor ein israelisches Gericht gestellt und am 31. Mai 1962 hingerichtet.

Herbst 1960

Ben Gurion möchte sich nach Sde Boker zurückziehen. Seit 1957 fühlt er sich buchstäblich als neuer Mensch, weil er nach den Anweisungen von Dr. Mosche Felsenkreis lebt. Er ißt spartanisch, macht Yoga-Übungen und marschiert täglich sieben Kilometer. Obschon über siebzig, hat Ben Gurion die Vitalität eines Fünfundfünfzigers. Die Politik hat er nun aber satt und möchte auf seinen Kibbuz zurück.

Nunmehr tritt ein Ereignis ein, das seinen Rücktritt zunächst verhindert, dann aber nach einer erbitterten Auseinandersetzung herbeiführt, die ihn vielen langjährigen Freunden entfremdet. Das Ereignis ist das Wiederaufleben der ›Affäre Lavon‹.

Mit Mehrheit beschließt das Kabinett gegen die Stimme Ben Gurions, der für eine gerichtliche Klärung ist, die Einsetzung eines siebenköpfigen Ausschusses, der nichtöffentlich die Vorwürfe gegen Lavon untersuchen soll. Diese Kommission rehabilitiert den ehemaligen Verteidigungsminister, und damit soll die Sache vergessen sein. Ben Gurion ist zutiefst darüber ent-

täuscht, daß man diese Angelegenheit nicht von einem ordentlichen Gericht hat klären lassen, einerlei, was dabei herauskommt.
Die Affäre Lavon bewirkt eine Spaltung in der MAPAI – auf der einen Seite Ben Gurion und die Angehörigen der nachwachsenden im Lande geborenen Generation, andererseits die alten Parteigenossen des Ministerpräsidenten, die der Dritten Alijah zugehören, der Generation, die auf die seine folgte. Diese nennen Ben Gurion einen Autokraten.
Dezember 1960
Israel und Frankreich bauen im Negev einen Kernreaktor. Die Amerikaner wollen wissen, ob der Reaktor militärischen Zwecken dient und verlangen entweder sofortige internationale Kontrolle oder Überwachung durch amerikanische Wissenschaftler. Ben Gurion, dem wie immer die Souveränität Israels am Herzen liegt, lehnt ab. Die Sache wird noch bis Januar 1961 verfolgt, dann geben die Amerikaner auf.
Juli 1961
Israel startet seine erste Rakete.
August 1961
Ben Gurion wird wiederum zum Ministerpräsidenten gewählt.
1961–1963
Ben Gurion bemüht sich nun darum, daß USA und UdSSR gemeinsam die Grenzen Israels garantieren sollen, doch vergeblich. Nicht einmal die Franzosen wollen ein förmliches Bündnis mit Israel schließen. De Gaulle erklärt, die Beziehungen zwischen beiden Ländern seien so herzlich, daß es keines geschriebenen Bündnisses bedürfe. Vier Jahre später macht er eine politische Schwenkung um 180 Grad.

April 1963
Staatspräsident Itzhak Ben Zwi stirbt. Ben Gurion hat seinen letzten alten Freund und Helfer verloren.
Mai 1963
Salman Schasar wird Israels dritter Staatspräsident.
16. Juni 1963
Ben Gurion tritt überraschend zurück und lebt seither im Kibbuz Sde Boker. Sein Nachfolger als Ministerpräsident wird Levi Eschkol.
Mai 1964
Die Affäre Lavon belebt sich neuerlich, da einige führende Vertreter der MAPAI seine Rückkehr ins Kabinett fordern. Ministerpräsident Eschkol teilt Lavon brieflich mit, daß sein Ausscheiden aus dem Kabinett auf unzutreffenden Voraussetzungen beruht habe. Ben Gurion fordert hierauf neuerlich eine Untersuchung durch die ordentlichen Gerichte.
Winter 1964
Ben Gurion, der selber Nachforschungen in dieser Sache angestellt hat, leitet dem Justizminister ein Dossier zu, das, wie er sagt, genügend Material enthält, um ein offizielles Verfahren zu rechtfertigen. Der Justizminister weigert sich, ein Verfahren eröffnen zu lassen, »weil dies allen Beteiligten nur schaden« könne.
Juni 1965
Ben Gurion kandidiert zu den Parlamentswahlen an der Spitze einer Liste von Leuten, die zur Generation Dajan gehören. Sie sind mit Ben Gurion aus der MAPAI ausgetreten und haben die neue RAFI-Partei gegründet. Ben Gurion und zehn weitere Kandidaten dieser Liste ziehen ins Parlament ein. Die Abgeordneten übernehmen Ämter in Koalitionsregierungen. Ben Gurion berät aus der Ferne: Er beschäftigt sich derweil in Sde Boker:

1. Mit der Negevakademie, von der er hofft, sie möge eines Tages »eine Kombination von Oxford und dem Massachusetts Institute of Technology« werden; sie soll ein Studienzentrum sein, wo der Negev und alles, was mit seiner Erschließung in Zusammenhang steht, erforscht wird.
2. Mit der Abfassung einer Geschichte des Staates Israel, angefangen bei der ersten Alijah von 1870 und 1880 bis zu seinem Ausscheiden aus der Regierung 1963.

Juni 1967

Wieder einmal gebärden die arabischen Nationen sich kriegerisch. Die Ägypter versammeln Panzer im Gazastreifen und reden von Invasion. Sie weisen die UN aus den Stellungen am Golf von Eilath und bedrohen aufs neue die israelische Schiffahrt. Syrische Artillerie auf den Golanhöhen deckt israelische Kibbuzim in der Talsenke mit Granatfeuer ein. Israel muß zurückschlagen oder auf dem eigenen beengten Raum um sein Leben kämpfen.

Mai bis Juni 1967

Ägypter bombardieren israelische Siedlungen und sperren die Straße von Tiran. Nasser verlangt den Abzug der UN-Truppen aus dem Sinai-Gebiet, U Thant, der Generalsekretär, entspricht dem Wunsch unverzüglich. Syrische Verbände werden auf den Golanhöhen massiert.

5.–10. Juni 1967

Israel führt Krieg. Die Armee durchquert die Halbinsel Sinai, säubert die Meerenge von Tiran und öffnet sie für die internationale Schiffahrt; das Ostufer des Suezkanals wird besetzt, ebenfalls die Bunkerstellungen der Syrer auf den Golanhöhen und das gesamte

Westufer des Jordan. Dies dauert sechs Tage. Am 7. Juni wird die Altstadt von Jerusalem erobert. Die alte Stadt, von König David 1000 v. Chr. als Hauptstadt der Juden gegründet, ist zum erstenmal seit Verkündung der Unabhängigkeit ungeteilt, und jüdische Bürger können endlich wieder die uralten Andachtsstätten im Ostsektor der Stadt aufsuchen. Zum erstenmal seit der Eroberung der Stadt durch die Römer im Jahre 70 ist Jerusalem ganz und gar in jüdischer Hand.

In Befolgung des von den UN verkündeten Grundsatzes (den die Jordanier systematisch mißachteten), daß Jerusalem den Gläubigen aller Konfessionen zugänglich sein müsse, bestimmt eine der ersten Verordnungen der israelischen Regierung, daß Christen, Juden und Moslem freien Zugang zu allen Andachtsstätten in der Stadt haben und bei der Bekennung ihres Glaubens geschützt sein sollen.

29. Januar 1968

Paula Ben Gurion stirbt.

2. Mai 1968

Israel begeht den zwanzigjährigen Jahrestag seines Bestehens.

Frühjahr 1969

Ben Gurion bereist Südafrika, Südamerika und Europa und wirbt für die Einwanderung der Juden nach Israel; insbesondere ruft er nach jungen Freiwilligen, die als Pioniere die Wüste kultivieren sollen.

Inhalt